이 책을 펼친 너에게 전하는 짠소리

오늘도 책상에 앉아 몸을 배배 꼬는 아이야,
한석봉인냥 앉아 보자.
자꾸 꼬다 보면 뱀 된다.

명문장이 뭔지도 모르고 책상에 앉은 아이들아,
영문도 모르고 명문장을 따라 쓰라니 답답하기도 하겠지?
10분만 해 보자.
엄마도 즐겁고, 아빠도 뿌듯하고, 너도 곧 웃게 된다.

졸린 눈 비비대며 눈을 크게 뜬 아이야,
이제 정신을 차려 보자.
보이는 족족 소리 내어 읽어 보자.
어렵지 않단다.
잠깐이면 된단다.

하얀 바탕에 알록달록한 글씨가 어지럽거든
또박또박 읽고 찬찬히 쓰면서 순간순간 생각해 보자.
어느 순간 그 글이 가슴에 와 박히면
너에게 하나뿐인 명문장이 된다.

옆에 계신 부모님이 글씨 타박하시거든
최선을 다하고 있으니 잠시만 기다려 주십사 부탁드려 보자.
지렁이 기어가듯 삐뚤거리던 글씨도
어느새 용 된다.

어려워 말고, 지루해 말고, 힘들어 말고
하루에 한 문장씩만 써 보자.
어제보다 멋지고, 오늘보다 지혜로운
네가 된단다.

기적의 명문장 따라쓰기

명심보감 편

초등 2학년 이상~

길벗스쿨

책 읽기에는 세 가지 방법이 있습니다. 먼저 눈으로 읽기, 이를 목과(目過)라고 합니다. 다음으로는 입으로 소리 내서 읽기, 이를 구과(口過)라고 하지요. 마지막으로 손으로 직접 쓰면서 읽는 방법이 있습니다. 이를 수과(手過)라고 합니다. 선현들은 입을 모아 말합니다.

"눈으로 읽는 것은 입으로 소리 내어 읽는 것만 못하고,
입으로 소리 내어 읽는 것은 손으로 직접 쓰면서 읽는 것만 못하다."

또한, 조선시대 최고의 독서왕인 이덕무도 다음과 같이 말합니다.

"책은 눈으로 보고 입으로 읽는 것이 손으로 써 보는 것만 못하다.
대체로 손이 움직이면 마음이 반드시 따라가기 마련이다.
스무 번을 보고 외운다 해도 한 차례 베껴 써 보는 효과만 같지 못하다."

이 책은 이러한 점을 반영하여 어린이들의 두뇌 발달을 돕고 지혜롭고 바른 어린이로 자라도록 도와주고자 만들었습니다. 많은 연구를 통해 세계 여러 학자들이 손으로 직접 글을 쓰는 행위가 뇌세포 활동을 자극시켜 두뇌 발달을 돕고 차분한 정서를 만드는 데에도 무척 효과적이라는 사실을 밝혀 주고 있습니다. 평생 독서를 가장 중요한 가치로 여긴 선현들이 손으로 직접 쓰는 필사(筆寫)를 중시한 것도 다 그럴 만한 과학적 이유가 있었던 것입니다.

손으로 따라쓰기의 두 번째 대상으로 《논어》에 이어 《명심보감》을 골랐습니다. 《명심보감》은 조선시대에 가장 널리 읽힌 어린이를 위한 인성 함양 교재로서, 인생을 살아가는 데 꼭 필요한 마음 자세를 담고 있습니다. 서당에서는 어린이들에게 《명심보감》을 가르쳐 올바른 삶의 자세를 교육했으며 가정마다 이 책을 갖추어 놓고 어린이와 부모가 함께 읽었습니다. 내용이 쉬운 데다 마음을 밝혀 주는 지혜의 언어들로 가득 차 있어서 어린이는 물론 어른에게도 인생의 길잡이 역할을 하고 있는 책입니다.

《명심보감》을 배우는 것은 인생의 잠언을 배우는 것이며 삶을 살아가는 바른 마음가짐을 기르는 일이기도 합니다. 참된 인성이 사라져 가고 다른 사람을 무조건 이기고 보자는 생각이 널리 퍼진 오늘날,《명심보감》은 인간관계의 소중함을 깨우쳐 주고 배려와 선행의 가치를 들려주는 인생의 길잡이가 되어 줄 것입니다.

책을 만들 때마다 어떻게 하면 어린이들에게 쉽고 흥미롭게 내용을 전달할지를 고민합니다. 그리하여 어린이 수준에서 꼭 배우면 좋은 문장을 선정하기 위해 정성을 기울였습니다. 나아가 어린이 입장이 되어 일상생활에서 경험하고 부딪힐 수 있는 예화를 적극 활용하여 구절의 뜻을 풀이하고자 했습니다.

이 책은 《기적의 한자 학습》,《기적의 유아 한자》에 이어 길벗스쿨에서 내는 저자의 세 번째 저술입니다. 논어 편에 이어 이번에도 신경아 편집자와 함께 예쁘고 유익한 책을 만들기 위해 최선의 노력을 다했습니다. 이 책을 활용하는 어린이가 한 자 한 자 또박또박 필사를 할 때마다 지혜롭고 생각이 깊은 어린이로 자라 가는 행복한 상상을 해봅니다. 부모님과 자녀가 함께 《명심보감》의 명문장을 낭랑한 목소리로 소리 내어 쓰는 가운데, 현명하고 바른 인성을 지닌 자녀로 커 가길 진심으로 기원합니다.

푸르른 7월에 **박 수 밀**

필사(筆寫)의 힘

바야흐로 스마트폰과 인터넷이 일상이 된 시대입니다. 타닥타닥 키보드를 두드리기만 하면 수많은 정보가 쏟아져 나오고 스마트폰을 톡톡 가볍게 터치하면 친구와 대화를 즐길 수 있습니다. 두드리고 터치하기만 하면 손쉽게 글자를 쓸 수가 있는데, 굳이 힘들여 가며 손으로 글씨를 쓸 필요가 있을까 하는 생각을 할 수도 있습니다.

그러나 많은 실험 결과들은 손으로 글씨를 쓰면 두뇌 발달에 도움이 된다고 말합니다.

[실험 1] 미국 워싱턴 대학의 버지니아 버닝거 박사는 초등학생들을 나누어 프린트 하기, 손으로 직접 쓰기, 자판기 두드리기의 실험을 했습니다. 그 결과 손으로 직접 쓰는 아이들이 키보드를 사용하는 아이들보다 더 많은 단어를 더 빠른 속도로 사용하고, 더 풍부한 생각을 표현한다는 사실을 확인했습니다.

[실험 2] 미국 인디애나 대학의 심리학자인 카린 제임스 박사는 읽기와 쓰기를 배우지 않은 어린이들을 세 그룹으로 나누어 글자와 도형을 보여 주는 실험을 했습니다. 각 그룹의 아이들에게 자신이 본 이미지를 점선을 따라가며 그리거나 직접 손으로 쓰거나 키보드를 이용해 컴퓨터에 입력하도록 했습니다. 그 결과 손으로 글자를 쓴 아이들에게서 읽기·쓰기를 할 때 활성화되는 뇌의 활동이 활발해진다는 사실을 발견했습니다. 직접 손으로 쓴 글씨는 행동의 처음 단계부터 '계획과 행동'을 요구하고 행동의 변동 가능성도 높다는 결과가 나왔습니다.

[실험 3] 캐나다 오타와 대학 재활치료학과의 카차 페더 교수에 따르면, 쓰지 않고 암기하는 것에 비해 펜으로 노트 필기를 할 때 공부한 것을 더 쉽게 떠올릴 수 있다고 했습니다. 뇌의 순환이 손으로 직접 글을 쓸 때 활성화되기 때문입니다.

이 외에도 손으로 직접 글씨를 쓰면 뇌 발달에 큰 도움을 준다는 연구 결과들이 속속 나타나고 있습니다. 많은 심리학자와 신경학자들은 손으로 글씨를 쓰면서 배운 아이들이 읽기도 빨리 배울 뿐 아니라 아이디어를 생각해 내고 정보를 얻는 능력이 더 뛰어나다고 주장합니다.

사람의 뇌에는 손과 연결된 신경세포가 가장 많습니다. 그래서 손가락을 많이 움직이면 뇌세포의 활동을 자극해서 두뇌 발달을 돕게 되는 것입니다. 치매 예방을 위해 손으로 하는 운동을 권장하는 이유도 이와 같은 데에 있습니다. 손끝에 힘을 주고 손가락을 세심하게 움직이며 글씨를 쓰다 보면 자신도 모르는 사이 두뇌 활동이 활발해져 종합 사고력이 발달하게 됩니다. 또한 손으로 글을 쓰는 것이 익숙해지면, 어린이들은 글씨를 어떻게 쓸지 걱정하는 대신 글의 주제와 구성 등에 더욱 집중할 수 있어 글쓰기에 자신감을 얻게 됩니다.

이뿐만이 아닙니다. 손으로 글씨를 쓰면 마음이 차분해지고 생각하는 힘을 기를 수가 있습니다. 키보드를 두드리게 되면 쓰는 속도가 빨라 생각할 시간이 없습니다. 하지만 손으로 한 글자 한 글자 눌러 쓰는 일에는 물리적인 시간과 정성이 필요합니다. 덕분에 손으로 쓰는 동안 생각하는 시간이 생깁니다. 사각사각 연필 소리를 들으며 글씨를 옮기는 가운데 마음이 차분해지고 집중력이 높아집니다. 또 손으로 직접 글씨를 쓰면 지우기 어렵기 때문에 한 번 더 고민해 가며 정성스럽게 쓰는 과정에서 생각하는 힘이 길러집니다. 생각을 정리하는 습관을 갖는 가운데 자연스럽게 논리적으로 생각하는 능력까지 키우게 됩니다.

책의 내용을 손으로 따라 쓰는 것을 필사(筆寫)라고 합니다. 붓으로 베껴 쓴다는 뜻이죠. 필사는 느림과 여유의 미학입니다. 오늘날과 같은 디지털 시대에는 손으로 천천히 글을 쓸 일이 별로 없습니다. 그러나 손으로 직접 쓰는 필사가 주는 이익은 결코 작지 않습니다. 조금 더 느린 대신, 머리가 좋아지고 생각하는 힘을 키우며 차분한 정서를 갖는 어린이로 자라납니다. 손으로 글씨를 쓰면 따뜻한 감성과 인성을 키울 수 있고, 이에 따른 풍부한 학습 효과가 수반됩니다. 그리고 그냥 손으로 옮겨 쓸 때보다 입으로 소리 내면서 쓰면 더더욱 효과가 좋습니다.

명심보감(明心寶鑑)이란 어떤 책인가?

"은혜를 베풀었다면 보답을 바라지 말고, 남에게 주었거든 후회하지 말라."
"남이 나를 귀하게 여기기를 바란다면 내가 먼저 남을 귀하게 여겨야 한다."

위의 구절들은 일상생활에서 혹은 우리 주변에서 흔히 듣는 좋은 말들입니다. 이러한 멋진 글들이 실려 있는 책이 바로 《명심보감(明心寶鑑)》입니다. 《명심보감》은 자녀들의 인성을 기르기 위해 만들어진 책으로서 중국 고전 가운데 훌륭한 말과 글을 뽑아 편집한 책입니다. 명심(明心)은 마음을 밝힌다는 뜻이고, 보감(寶鑑)은 보배로운 거울이라는 뜻이니, 명심보감은 '마음을 밝히는 보배로운 거울'이란 의미입니다. 말 그대로 《명심보감》은 인간을 현명한 사람으로 만들어 주는 보배로운 글로 가득 차 있습니다.

《명심보감》의 원래 저자는 중국 명나라의 범립본입니다. 그는 자녀 교육을 위해 옛 선현들의 주옥 같은 문장을 모아 상하 20편으로 이루어진 책을 만들었습니다. 중국에서 널리 읽히다가 우리나라에서는 고려 말에 추적이란 사람이 편찬했습니다. 추적은 본래의 내용을 더 간단하게 줄여 19편으로 만들었습니다. 이후 추적이 지은 《명심보감》은 전국에 널리 퍼져 큰 인기를 끌게 되었고, 조선시대에는 어린이들의 품성을 길러 주는 교재가 되었습니다. 좋은 글귀로 가득한 데다 이해하기 쉽고 선(善)을 권장하는 내용이라서 가정교육에도 꼭 필요한 책이었습니다. 서당마다 《천자문》과 함께 《명심보감》을 꼭 가르쳤으며 각 가정마다 한 권씩은 갖춰 놓는 책이기도 했습니다.

《명심보감》에 실린 스무 편은 다음과 같습니다. 맨 처음에는 선행을 베풀라는 「계선」편이 나옵니다. 그다음으로는 하늘의 뜻에 따라 살라는 「천명」편, 하늘의 명을 따르라는 「순명」편, 부모님께 효도하라는 「효행」편, 자신을 바로 세우라는 「정기」편, 분수를 지켜 편안하라는 「안분」편, 마음을 보존하라는 「존심」편, 본성을 지키며 인정을 베풀라는 「계성」편, 배움에 힘쓰라는 「근학」편, 자녀를 가르치는 「훈자」편, 자아성찰을 강조한 「성심」편, 가르침의 기본에 관한 「입교」편, 정치의 핵심을 말한 「치정」편, 집안을 잘 다스리라는 「치가」편, 의리의 중요함을 말한 「안의」편, 예절의 중요성을 말한 「준례」편, 말의 중요성을 말한 「언어」편, 좋은 친구를 사귀라는 「교우」편, 부녀자의 행실을 다룬 「부행」편입니다. 나중에는 몇 편이 더 덧붙여져 「증보」편, 「팔반가」편, 「효행(속)」편, 「염의」편, 「권학」편 등을 보탠 책이 나오게 되었습니다.

《명심보감》에는 훌륭한 성현들의 말이 많이 나오는데 그 가운데서도 자주 등장하는 분은 공자와 강태공, 장자 등입니다. 많이 인용되는 책은 《경행록》, 《공자가어》, 《예기》 등입니다. 유학자뿐만 아니라 도가 등의 사상가도 있어서 다양한 사상을 접할 수 있습니다.

이와 같이 《명심보감》에는 나 자신을 돌아보고 다스리는 내용부터 가정과 사회에서 지켜야 할 예절에 이르기까지, 사람이 살아가는 데 꼭 지켜야 할 원리가 모두 들어 있습니다. 비록 오늘날의 가치관에는 맞지 않는 몇몇 구절도 있긴 하지만, 많은 내용은 여전히 지금도 가슴 깊이 새겨야 할 지혜의 언어로 남아 인생을 살아가는 데 있어서 삶의 지침이 되어 주고 있습니다.

본 교재는 《명심보감》에 담긴 많은 내용 가운데서도 어린이들의 인성을 길러 주거나 현명한 어린이로 자라나는 데 도움이 되는 문장을 담았습니다. 《명심보감》의 각 편을 골고루 담되, 중요한 부분은 빠뜨리지 않으려고 노력했습니다. 《명심보감》의 명문장들을 한 글자 한 글자 정성스럽게 따라 쓴다면 바른 인성에 대해 배우면서 지혜롭고 현명한 아이로 자라날 것이라 믿습니다.

이 책은 《명심보감》의 명문장을 소리 내어 읽고 따라 쓰는 가운데 바르게 글씨를 쓰는 것은 물론, 생각의 힘을 키우고 지혜로운 어린이로 자라도록 돕는 데 목표를 두었습니다. 이와 같은 목표를 이루기 위해 다음과 같은 구성과 특징을 갖추었습니다.

1 정확하면서도 쉽게 풀이했습니다.

시중의 많은 어린이 고전 책들은 쉽게 풀이하는 데에만 관심을 둔 나머지 원문의 의미에서 벗어나거나 명문의 맛깔스런 느낌을 살리지 못한 경우가 많습니다. 이 책은 한문학을 전공하는 학자가 저술함으로써, 원문의 정신을 훼손하지 않으면서 정확하고 쉽게 풀이하는 데 최선을 다했습니다.

2 어린이의 수준을 고려한 명문장을 골랐습니다.

《명심보감》은 오래전에 쓰인 책이라서 오늘날의 정서와 가치관에 맞지 않는 문장들도 더러 있습니다. 이 점을 고려하여 오늘날에도 변함없는 가치와 진리를 담고 있으면서도 어린이 눈높이에서 꼭 알아 두어야 할 수준의 내용들로 선별했습니다. 그리고 자신을 돌아보고 배움의 가치를 발견하며 생각의 폭을 넓힐 수 있는 명문장을 위주로 선정했습니다.

3 총 50개의 문장을 6개의 주제로 나누었습니다.

《명심보감》에 담긴 각 편은 다양한 내용으로 이루어져 있습니다. 그 가운데 어린이가 배우기에 부담되지 않으면서도 너무 가볍지 않게 50개의 문장을 선정했습니다. 그리고 50개의 명문장을 각각 여섯 개의 주제로 나누어 구성했습니다. 첫째는 착한 일을 하는 방법, 둘째는 몸을 바르게 하는 방법, 셋째는 말을 조심하는 방법, 넷째는 마음을 살피는 방법, 다섯째는 사랑과 효를 실천하는 방법, 마지막 여섯째는 부지런히 배움에 힘쓰는 방법과 관련한 명문장으로 묶었습니다.

4 한자 원문의 뜻도 배울 수 있도록 했습니다.

각각의 명문장에 해당하는 원문을 소개해 주고 각 한자마다 음과 뜻을 밝혀 주어 한자 공부도 할 수 있도록 배려했습니다. 고전의 경전은 한자의 원문을 함께 배울 때 문장의 의미를 더 깊게 이해할 수 있습니다. 한자도 또박또박 읽어서 한자 실력 키우기에 도전해 보는 것도 좋습니다. 나아가 한자 원문도 따라쓰기 칸을 만들어 한자를 직접 써 볼 수 있도록 했습니다.

5 명문장의 속뜻을 최대한 알기 쉽게 풀이했습니다.

《명심보감》의 문장에는 구절마다 깊은 뜻이 담겨 있습니다. 어린이가 그대로 읽고 쓰며 이해하기에는 어려운 문장들도 있습니다. 그리하여 '생각 다지기'를 통해 명문장의 뜻을 최대한 쉽게 이해시켜 주기 위해 노력했습니다. 차근차근 뜻풀이를 읽다 보면 어느새 그 의미가 쏙쏙 들어올 것입니다.

6 명문장을 직접 따라 쓰는 칸을 마련했습니다.

열 번 읽는 것보다 한 번 써 보는 것이 학습 효과 면에서 훨씬 좋습니다. 우선 명문장을 소리 내어 읽으면서 또박또박 따라 쓰면 바르게 쓸 수 있고 마음가짐과 태도까지 바로잡을 수 있습니다.

7 문장의 전체를 배울 수 있도록 원문 카드를 마련했습니다.

이 책에 나오는 문장은 어린이의 수준에 맞추어 기억하기 쉽고 암송할 수 있도록 최대한 짧고 간결한 문장을 선별한 것입니다. 문장 전체를 알기 원하는 독자들을 배려하여 해당 문장이 들어간 전체 문장을 따로 부록으로 만들었습니다.

8 본 교재는 어린이는 물론 부모님이 보셔도 즐겁게 배울 수 있도록 만들었습니다.

아이뿐만 아니라 부모님이 보아도 《명심보감》의 깊은 맛을 이해하고 생각하는 힘을 키우는 데 도움이 될 것입니다. 아이가 어려워하는 부분은 엄마, 아빠도 함께 읽고 따라 쓰면서 필담을 나눈다면 더욱 깊이 있는 독서가 될 것입니다.

이 책의 활용법

매일 체크

이 책은 매일 한 개씩의 명문장을 익히도록 구성했습니다.
정해진 날짜마다 계획을 세워 하루에 한 문장씩 소리 내어
읽고 직접 손으로 쓰도록 지도해 주세요.

❶ 명문장 따라 읽기

원문을 제시하고 그 뜻을 쉽게 풀이했습니다. 먼저 원문을
소리 내어 읽은 다음 명문장을 또박또박 소리 내어 읽어 보
세요. 엄마와 번갈아 읽으면 더욱 좋습니다.

❷ 생각 다지기

명문장의 뜻을 알기 쉽게 풀어 준 것입니다. 명문장이 어떤
의미를 지니고 있는지를 일상생활의 예를 들어가며 풀어
주었습니다. 아이에게 천천히 읽게 한 다음 무슨 의미인지
서로 이야기를 나누어 보세요.

명심보감 원문 카드

책에서 다룬 명문장이 포함된 명심보감 원문 카드의 앞면
에는 한자 원문과 음을, 뒷면에는 해석이 담겨 있어요. 하나
씩 뜯어서 명문장을 떠올리며 필담을 나눌 때 활용하세요.

子曰,
자 왈

爲善者. 天報之以福.
위 선 자   천 보 지 이 복

爲不善者. 天報之以禍.
위 불 선 자   천 보 지 이 화

1

바른 자세로 또박또박 따라 써 보세요. ❶

내					
하	늘	의		그	물	은		넓	고		넓	어

둥 성 둥 성 한   것   같 아 도   새 지
않 는 다

뜻을 생각하며 천천히 써 보세요.

엄마 차례	

D영라 화이!!~

마무리는 외워서 쓰고, 한자 원문도 따라 써 보세요.

마무리	

天網恢恢 疎而不漏   ❷

◆ 어휘 마당 ❸

網 그물 망
　　🔵 망라

恢 넓을 회
　　🔵 회공

疎 성글 소
　　🔵 소통

漏 샐 누
　　🔵 누수

❶ 바른 자세로 또박또박 쓰기

열 번 읽는 것보다 한 번 쓰는 것이 훨씬 효과적입니다. 명
문장을 직접 손으로 또박또박 써 보세요. 처음에는 바른 자
세로 쓰고 그 다음에는 뜻을 생각하며 씁니다. 엄마와 번갈
아 가며 써 보기도 하고, '아빠 찬스'가 나올 때에는 아빠도
함께 읽고 써 보세요. 마무리는 외워서 아이가 직접 써 보게
하면 명문장이 머리에 쏙쏙 박힙니다.

❷ 한자 원문 따라 쓰기

이 부분은 한자를 학습하려는 어린이를 배려한 것입니다.
원문을 한번 직접 써 보면 명문장의 의미가 더 깊이 있게 다가
옵니다.

❸ 어휘 마당

한자의 뜻을 밝혀 주고 각각의 한자와 결합하는 어휘를 적
어 두어 해당 한자가 일상생활에서 어떤 의미로 쓰이는지
를 보여 주고자 했습니다.

차례

4장
마음을 살피는 방법

5장
사랑과 효를 실천하는 방법

6장
부지런히 배움에 힘을 쓰는 방법

1장

착한 일을 하는 방법

📢 큰 목소리로 또박또박 읽어 보세요.

*엄마랑 번갈아 읽어도 재미있어요!

爲善者　天報之以福
할 **위**　착할 **선**　사람 **자**　하늘 **천**　갚을 **보**　어조사 **지**　로써 **이**　복 **복**

爲不善者　天報之以禍
할 **위**　아니 **불**　착할 **선**　사람 **자**　하늘 **천**　갚을 **보**　어조사 **지**　로써 **이**　재앙 **화**

착한 일을 하는 사람은 하늘이 복으로 갚아 주고, 나쁜 일을 하는 사람은 하늘이 재앙으로 갚아 준다.

계선편

산타 할아버지는 알고 계신대. 누가 착한 애인지 나쁜 애인지…

생각 다지기

왜 그렇게 뾰로통하니? 어떤 아이가 학교 복도에 휴지를 버리고 가는 걸 보았다고? 깨끗이 하고 싶은 마음에 네가 그 휴지를 주웠다고? 참 기특하구나. 그런데 그 친구가 휴지를 함부로 버린 것도, 네가 그 휴지를 주운 것도 아무도 보지 않아서 억울한 생각이 드는구나. 나쁜 짓을 한 친구는 야단을 맞고, 착한 일을 한 너는 칭찬받아야 할 텐데 말이야. 걱정하지 마. 아무도 보지 않은 것 같아도, 하늘은 모든 것을 안단다.

나쁜 짓을 한 사람은 언젠가는 하늘이 혼내 주고, 착한 일을 한 사람은 하늘이 상을 주게 되어 있어. 그래서 '인과응보(因果應報)'라는 말도 있지. 착한 일을 하면 좋은 결과가, 나쁜 일을 하면 나쁜 결과가 반드시 뒤 따른다는 의미란다.

✏️ 바른 자세로 또박또박 따라 써 보세요.

한 번 쓰고

| 착한 | 일을 | 하는 | 사람은 |

| 하늘이 | 복으로 | 갚아 | 주고, |

| 나쁜 | 일을 | 하는 | 사람은 | 하 |

| 늘이 | 재앙으로 | 갚아 | 준다. |

또 쓰고

늘버 날아가기 전에 갚아 불까?

✏️ 마무리는 외워서 쓰고, 한자 원문도 따라 써 보세요.

마무리

爲善者 天報之以福
爲不善者 天報之以禍

월   일

◆ 어휘 마당

爲 할 위
예 위인

善 착할 선
예 선행

者 사람 자
예 소비자

天 하늘 천
예 천국

報 갚을 보
예 보상

福 복 복
예 행복

不 아니 불
예 불투명

보는 사람도 없는데 여기서 소변 좀 보고 갈게.

내가 보고 있는 걸 모르는구나!

크르르

📢 큰 목소리로 또박또박 읽어 보세요.

*엄마랑 번갈아 읽어도 재미있어요!

恩 義 廣 施
은혜 **은** 　의리 **의** 　넓을 **광** 　베풀 **시**

人 生 何 處 不 相 逢
사람 **인** 　날 **생** 　어찌 **하** 　곳 **처** 　아니 **불** 　서로 **상** 　만날 **봉**

은혜와 의리를 널리 베풀어라. 살면서 어느 곳에서든 서로 만나게 되리라.

계선편

널리 베풀어라 ~

생각 다지기

친구와의 약속 시간에 늦어 바삐 가고 있는데, 한 아이가 길을 잃고 울고 있는 것을 보았다면 어떻게 해야 할까? 잘 모르는 아이인 데다 늦었으니까 모른 척 지나가고 싶을 거야. '어차피 다시 만날 사람도 아닌데, 뭐.' 하면서.

하지만 누군가를 도와줄 때 사람을 가려서는 안 된단다. 나와 가까운 사람인지 먼 사람인지도 나누어서는 안 돼. 혹시 알아? 길을 잃고 울던 그 아이가 내가 좋아하는 선생님의 아들일지. 내가 별 뜻 없이 베푼 친절 덕분에 훗날 좋은 인연이 될 수도 있어. 나중에 나쁜 인연으로 만나는 일이 없도록 모든 이들에게 친절하고 도우려는 마음을 지녀야 한단다.

노자는 다음과 같이 말했어.

"남에게 베풀면 베풀수록 자신에게 득이 되는 법이다."

✏️ 바른 자세로 또박또박 따라 써 보세요.

내 차례

은	혜	와		의	리	를		널	리		베	풀
어	라	.		살	면	서		어	느		곳	에	서	든
서	로		만	나	게		되	리	라	.			

✏️ 뜻을 생각하며 천천히 써 보세요.

엄마 차례

명필하 났저인~~!

✏️ 마무리는 외워서 쓰고, 한자 원문도 따라 써 보세요.

마무리

恩義廣施
人生何處不相逢

◆ 어휘 마당

恩 은혜 은
예 은혜

義 의리 의
예 의리

廣 넓을 광
예 광야

施 베풀 시
예 시설

人 사람 인
예 인간

生 날 생
예 생일

處 곳 처
예 연락처

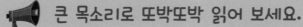 큰 목소리로 또박또박 읽어 보세요.

*엄마랑 번갈아 읽어도 재미있어요!

讐 怨 莫 結
원수 **수**　원망할 **원**　말다 **막**　맺을 **결**

路 逢 狹 處 難 廻 避
길 **노**　만날 **봉**　좁을 **협**　곳 **처**　어려울 **난**　돌 **회**　피할 **피**

원수와 원한을 맺지 말라.
길이 좁은 곳에서 만나면 피하기 어렵다.

계선편

원수! 여기서 만나다니...
각오해라!

캬르르!

 생각 다지기

얄밉게 자꾸 약을 올리는 친구가 있다면 확 붙어 싸우고 싶을 거야. '말로 쏘아붙일까? 치고받으며 싸울까?' 하면서 말이야. 싸워서 이기고 나면 그 친구가 다시는 깐족거리지 못할 것도 같고, 어쩌면 비 온 뒤에 땅이 굳어지듯이 사이가 더 좋아질지 모른다는 생각도 들 거야.

하지만 한번 친구와 서로 원망하고 미워하는 관계가 되면 다시 좋은 관계를 회복하기 어렵단다. 게다가 길이 좁아 피할 수 없는 곳에서 딱 만나면 그 어색하고 서먹서먹한 분위기는 정말……

그래서 "원수는 외나무 다리에서 만난다."라는 속담도 생겼지. 친구는 물론이고 다른 사람에게 원한을 사는 일이 없도록 평소 사이좋게 지내는 것이 좋아.

✏️ 바른 자세로 또박또박 따라 써 보세요.

한 번
쓰고

원	수	와		원	한	을		맺	지		말	라 .
길	이		좁	은		곳	에	서		만	나	면
피	하	기		어	렵	다 .						

✏️ 뜻을 생각하며 천천히 써 보세요.

또
쓰고

늘씨 날아가기 전에 잡아 불까?

✏️ 마무리는 외워서 쓰고, 한자 원문도 따라 써 보세요.

마무리

讐怨莫結
路逢狹處難廻避

◆ 어휘 마당

讐 원수 **수**
예 **원수**

怨 원망할 **원**
예 **원망**

莫 말다 **막**
예 **막무가내**

結 맺을 **결**
예 **결혼**

路 길 **노(로)**
예 **도로**

逢 만날 **봉**
예 **봉착**

狹 좁을 **협**
예 **협곡**

難 어려울 **난(란)**
예 **혼란**

아유! 얄미워!
그냥 콱 불에 타 버려?

푸하하하
얼굴 빨개진 거 봐.
당근이다. 당근!

얘하리고

🔊 큰 목소리로 또박또박 읽어 보세요.

*아빠랑 번갈아 읽어도 재미있어요!

於 我 善 者　　我 亦 善 之
어조사 어　나 아　착할 선　사람 자　　나 아　또 역　착할 선　어조사 지

於 我 惡 者　　我 亦 善 之
어조사 어　나 아　악할 악　사람 자　　나 아　또 역　착할 선　어조사 지

내게 선하게 대하는 자에게 나 또한 선하게 대하고, 내게 악하게 대하는 자에게 나 또한 선하게 대한다.

계선편

아낌 없이 주는 나무

생각 다지기

물건도 잘 빌려주고 맛난 것도 잘 사 주는 친구가 있다면 누구나 그 친구에게 잘 대해 줄 거야. 그런데 내게 못되게 구는 친구가 있다면 어떻게 대해야 할까? 내 이름을 갖고 놀린다거나, 괜히 내 어깨를 툭툭 친다거나, 초콜릿을 가져와 약 올리며 자기 혼자만 먹는 친구가 있다면 말이야. 똑같이 못되게 굴겠다고? 아니란다. 나를 괴롭히는 친구에게도 친절을 베풀어야 해. 내가 먼저 친절을 베풀고 악을 선으로 갚으면 그 친구도 마음을 돌이키기 마련이거든.

"눈에는 눈, 이에는 이!" 하는 식으로 나도 똑같이 그 친구에게 못되게 대하면, 그 친구와의 사이는 점점 더 나빠지게 될 거야. 내가 남에게 악하게 대하지 않으면 상대방도 내게 악하게 대하지 않는단다.

✏️ 바른 자세로 또박또박 따라 써 보세요.

내
차례

내	게		선	하	게		대	하	는		자	에
게		나		또	한		선	하	게		대	하	고 ,
내	게		악	하	게		대	하	는		자	에	게
나		또	한		선	하	게		대	한	다 .

아빠
찬스

명필가 났지요~~!

✏️ 마무리는 외워서 쓰고, 한자 원문도 따라 써 보세요.

마무리

於我善者 我亦善之
於我惡者 我亦善之

📖 어휘 마당

我 나 아
예 자아

亦 또 역
예 역시

惡 악할 악
예 악마

🔊 큰 목소리로 또박또박 읽어 보세요.

*엄마랑 번갈아 읽어도 재미있어요!

行 善 之 人 　 如 春 園 之 草
행할 **행** 　 착할 **선** 　 어조사 **지** 　 사람 **인** 　 같을 **여** 　 봄 **춘** 　 동산 **원** 　 어조사 **지** 　 풀 **초**

不 見 其 長 　 日 有 所 增
아니 **불** 　 볼 **견** 　 그 **기** 　 길 **장** 　 날 **일** 　 있을 **유** 　 바 **소** 　 늘어날 **증**

착한 일을 하는 사람은 봄 동산의 풀과 같아서 자라는 것이 보이지 않으나 날마다 더해지는 바가 있다.

계선편

언제 이렇게 자랐지?

생각 다지기

같은 청소 당번인 친구는 운동장에서 뛰어노는데 나만 청소한다면 많이 억울할 거야. 엄마가 심부름을 시킬 때마다 동생인 내가 순순히 나서긴 하지만, 모두 당연하게 생각하면 속이 상하기도 하고. 이렇게 착한 일을 하는데 잘 드러나지도 않고, 그다지 보람도 없는 것 같아서 계속해야 하는지 어떤지 망설여진다면 기운을 내렴. 착한 일은 봄 동산의 풀과 같단다.

봄에 나는 풀은 연하고 작아서 힘이 없어 보이지만, 우리가 보살피든 안 보살피든 무럭무럭 자라나 여름이면 동산을 싱싱한 초록으로 물들이지. 우리의 착한 행동도 언젠가는 세상을 초록으로 물들이고, 나 자신 또한 한층 멋진 사람으로 훌쩍 성장해 있을 거야.

✏️ 바른 자세로 또박또박 따라 써 보세요.

한 번
쓰고

착한	일을	하는	사람은
봄 동산의	풀과	같아서	자
라는 것이	보이지	않으나	
날마다	더해지는	바가	있다.

또
쓰고

늘터 날아가기 전에 잡아 볼까?

✏️ 마무리는 외워서 쓰고, 한자 원문도 따라 써 보세요.

마무리

行善之人 如春園之草
不見其長 日有所增

📙 어휘 마당

行 행할 행
예 행동

如 같을 여
예 하여간

春 봄 춘
예 춘추

草 풀 초
예 초목

見 볼 견
예 견문

長 길 장
예 장단

日 날 일
예 생일

有 있을 유
예 유무

 큰 목소리로 또박또박 읽어 보세요.

＊엄마랑 번갈아 읽어도 재미있어요!

天 網 恢 恢　疎 而 不 漏

하늘 **천** 그물 **망** 넓을 **회** 넓을 **회**　성글 **소** 말 이을 **이** 아니 **불** 샐 **누**

하늘의 그물은 넓고 넓어 듬성듬성한 것 같아도 새지 않는다.

천명편

죄인은 들으라!

 생각 다지기

나쁜 짓을 한 사람들이 크게 벌 받지 않고 잘 살고 있는 걸 보면, 우리를 내려다보는 하늘이 있기나 한지 의심스럽지. 친구를 왕따시키는 아이들이나, 빈둥거리며 당번인데도 청소 안 하는 아이들이 선생님에게 들키지 않고 잘 빠져나가는 걸 보면 참 얄밉기도 하고.

하늘에는 착한 일과 나쁜 짓을 걸러 내는 그물이 있다는데 정말 있는 걸까?

하늘에 그물 따위는 없는 것 같기도 하고, 때로는 너무 듬성듬성한 것 같기도 해. 그러니까 나쁜 짓을 한 아이들도 혼나지 않는 것처럼 보이고. 하지만 하늘의 그물은 아주 넓단다. 그물망이 듬성듬성해서 중간에 다 샐 것처럼 생각되지만, 하나도 새지 않아. 착한 일을 하면 하늘은 반드시 좋은 보답을 해 주고, 나쁜 짓을 하면 반드시 그에 걸맞은 벌을 내린단다. "콩 심은 데 콩 나고 팥 심은 데 팥 난다."라는 속담도 있단다.

✏️ 바른 자세로 또박또박 따라 써 보세요.

내
차례

하	늘	의		그	물	은		넓	고		넓	어
듬	성	듬	성	한		것		같	아	도		새	지
않	는	다	.									

✏️ 뜻을 생각하며 천천히 써 보세요.

엄마
차례

명필가 났지요~~!

✏️ 마무리는 외워서 쓰고, 한자 원문도 따라 써 보세요.

마무리

天網恢恢 疎而不漏

어휘 마당

網 그물 **망**
예 **망**라

恢 넓을 **회**
예 **회**공

疎 성글 **소**
예 **소**통

漏 샐 **누**
예 **누**수

또 청소 빼먹고 도망가는 거야?

하하하 안 오늘도 먼저 간다.

너! 딱 걸렸어! 앞으로 일주일간 청소 당번이야!

일차

 큰 목소리로 또박또박 읽어 보세요.

* 엄마랑 번갈아 읽어도 재미있어요!

施 恩 勿 求 報
베풀 **시**　은혜 **은**　말 **물**　구할 **구**　갚을 **보**

與 人 勿 追 悔
줄 **여**　사람 **인**　말 **물**　쫓을 **추**　뉘우칠 **회**

은혜를 베풀었다면 보답을 바라지 말고, 남에게 주었거든 후회하지 말라.

존심편

놀부

내가 은혜를 베풀었으니 꼭꼭 갚아라.

 **생각 다지기**

'내가 맛있는 과자를 줬으니까, 쟤도 나에게 뭔가 주겠지?'
'내가 숙제를 도와줬으니까, 나한테 보답을 하겠지?'
우리는 친구에게 무언가를 베풀고 나면 은근히 보답을 바라지. 과자를 하나 주면 나도 하나 받기를 원하고, 지우개를 빌려주면 최소한 고맙다는 인사라도 듣기를 바라고. 바라는 대로 보답받지 못하면 섭섭해하면서 준 걸 후회하기도 해.
그런데 말이야. 누군가에게 무언가를 베풀고 나면 그다음 일은 잊어야 해. 하나를 주었으니 하나를 받아야 한다면 물건을 사고파는 장사치와 다를 바 없단다. 무언가를 베풀어 주면 주는 것으로 끝내야지, 보답을 바라서는 안 돼. 이미 주었다면 준 것을 아까워하며 후회해서도 안 되지. 그것이 베푸는 사람의 참된 자세이고, 마음가짐이란다.

✏️ 바른 자세로 또박또박 따라 써 보세요.

한 번
쓰고

은	혜	를		베	풀	었	다	면		보	답	을
바	라	지		말	고	,	남	에	게		주	었	거
든		후	회	하	지		말	라	.			

✏️ 뜻을 생각하며 천천히 써 보세요.

또
쓰고

을써 날아가기 건에 잡아 불까?

✏️ 마무리는 외워서 쓰고, 한자 원문도 따라 써 보세요.

마무리

施恩勿求報 與人勿追悔

📖 **어휘 마당**

勿 말 물
예 물론

求 구할 구
예 요구

與 줄 여
예 수여

追 쫓을 추
예 추격

悔 뉘우칠 회
예 후회

2장

몸을 바르게 하는 방법

매일 체크!

이 위에서 보니, 아무 일도 아니군요.

 큰 목소리로 또박또박 읽어 보세요.

*엄마랑 번갈아 읽어도 재미있어요!

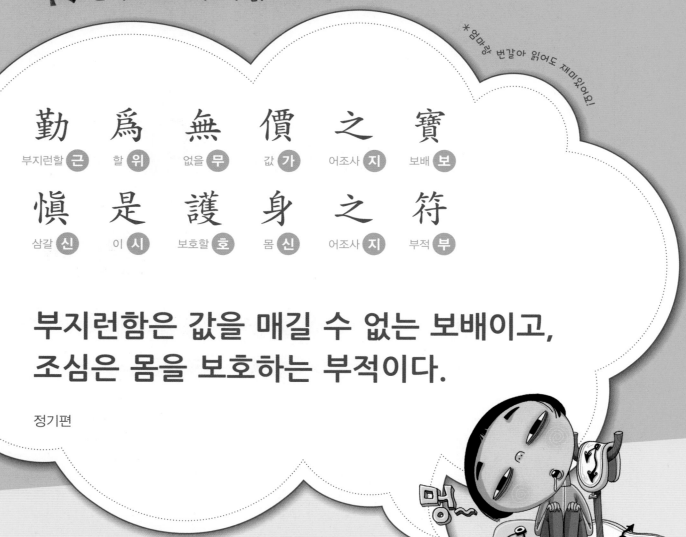

勤 爲 無 價 之 寶
부지런할 **근** 할 **위** 없을 **무** 값 **가** 어조사 **지** 보배 **보**

愼 是 護 身 之 符
삼갈 **신** 이 **시** 보호할 **호** 몸 **신** 어조사 **지** 부적 **부**

부지런함은 값을 매길 수 없는 보배이고, 조심은 몸을 보호하는 부적이다.

정기편

생각 다지기

아침 일찍 일어나 스스로 이불을 개고, 책가방도 스스로 챙겨. 학교 앞의 횡단보도를 건널 때에는 좌우를 살피며 조심해서 건너지. 학교에서는 쉬는 시간을 아껴 책을 읽고, 수업 시간엔 정신을 집중해 선생님 말씀을 듣지. 이렇게 부지런히 시간을 쓰면 하루가 금방 지나간단다. 하지만 늦게 일어나 아침도 먹는 둥 마는 둥 헐레벌떡 학교에 가서, 수업 시간엔 멍하니 앉아 있다가 집에 돌아와 게임이나 하면서 시간을 보내면 하루가 하릴없이 가 버리지. 이런 시간들이 쌓이고 쌓이면 부지런히 시간을 보내는 사람은 자기의 꿈을 훌쩍 이루게 되고, 게으른 사람은 꿈과 점점 멀어지기 마련이야. 부지런함은 이처럼 값을 매길 수 없을 만큼 귀중한 보배란다.

또 우리 생활에는 크고 작은 위험이 늘 도사리고 있어. 실수로 뜨거운 국 그릇을 엎질러 화상을 입을 수도 있고, 책장을 넘기다가 손가락을 베일 수도 있거든. 이런 일을 겪지 않으려면 늘 조심해야 돼. 조심은 몸을 지켜 주는 부적과도 같단다.

✏️ 바른 자세로 또박또박 따라 써 보세요.

내 차례

부	지	런	함	은		값	을		매	길		수
없	는		보	배	이	고	,		조	심	은		몸	을
보	호	하	는		부	적	이	다	.

✏️ 뜻을 생각하며 천천히 써 보세요.

엄마 차례

명필가 났어요~~!

✏️ 마무리는 외워서 쓰고, 한자 원문도 따라 써 보세요.

마무리

勤爲無價之寶
愼是護身之符

📗 어휘 마당

勤 부지런할 근
㉠ 근면

無 없을 무
㉠ 무료

價 값 가
㉠ 가격

寶 보배 보
㉠ 보물

愼 삼갈 신
㉠ 신중

護 보호할 호
㉠ 보호

身 몸 신
㉠ 신체

符 부적 부
㉠ 부적

이건이 우리 집안의 보물입니다. 값을 매길 수 없죠.

오~!

 큰 목소리로 또박또박 읽어 보세요.

*엄마랑 번갈아 읽어도 재미있어요!

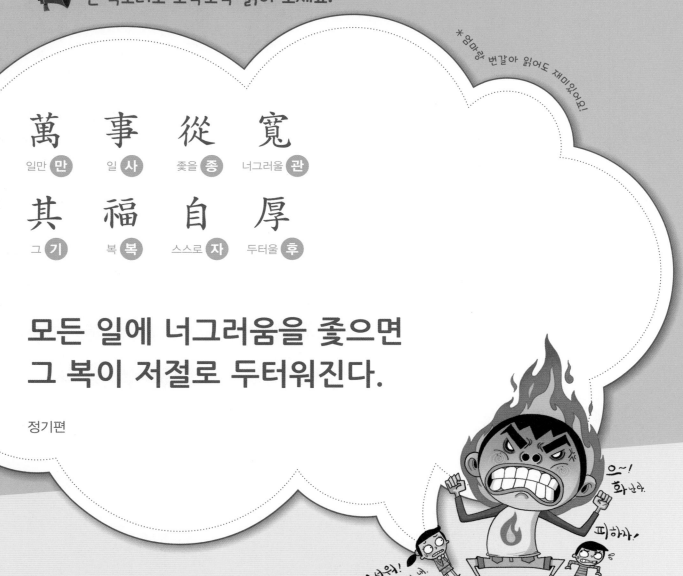

萬　事　從　寬
일만 **만**　일 **사**　좇을 **종**　너그러울 **관**

其　福　自　厚
그 **기**　복 **복**　스스로 **자**　두터울 **후**

**모든 일에 너그러움을 좇으면
그 복이 저절로 두터워진다.**

정기편

으~! 화난다.

피하자!

무서워! 명길 화만 내.

 생각 다지기

짝꿍이 내 지우개를 말도 없이 썼다고 파르르! 축구 시합에서 골키퍼를 맡은 친구의 실수 때문에 졌다고 파르르! 약속 시간에 늦은 친구 때문에 파르르! 이렇게 다른 사람의 작은 실수에도 무조건 파르르 화부터 내는 사람이 있다면 그 곁에는 친구가 하나도 없을 거야. 작은 실수라도 할까 봐 늘 긴장하게 만드는 사람 옆에 누가 함께 있고 싶겠어?

이런 사람이 반대로 그런 실수를 하게 된다면 사람들은 어떻게 반응할까? 그 사람이 평소 화를 낸 만큼 파르르 화를 내겠지. 반면에 똑같은 실수를 해도 평소 다른 사람에게 너그럽게 대한 사람이라면 마찬가지로 너그럽게 용서받을 수 있을 거야. 이처럼 모든 일에 너그러우면 내 마음도 편해지고, 그 복이 저절로 두텁게 쌓인단다.

✏️ 바른 자세로 또박또박 따라 써 보세요.

한 번
쓰고

모	든		일	에		너	그	러	움	을		좇
으	면		그		복	이		저	절	로		두	터
워	진	다	.									

✏️ 뜻을 생각하며 천천히 써 보세요.

또
쓰고

늘써 날아가기 전에 잡아 볼까?

✏️ 마무리는 외워서 쓰고, 한자 원문도 따라 써 보세요.

마무리

萬事從寬 其福自厚

◆ 어휘 마당

萬 일만 **만**
예 **만** 원

事 일 **사**
예 **사**건

從 좇을 **종**
예 추**종**

寬 너그러울 **관**
예 **관**대

自 스스로 **자**
예 **자**습

厚 두터울 **후**
예 **후**생

나는 관대하다.

📢 큰 목소리로 또박또박 읽어 보세요.

*엄마랑 번갈아 읽어도 재미있어요!

聞 人 言 人 之 善
들을 **문** 사람 **인** 말씀 **언** 사람 **인** 어조사 **지** 착할 **선**

則 就 而 和 之 又 從 而 喜 之
곧 **즉** 나아갈 **취** 말 이을 **이** 응답할 **화** 어조사 **지** 또 **우** 좇을 **종** 말 이을 **이** 기쁠 **희** 어조사 **지**

다른 사람의 착한 것을 듣거든 곧 나아가
그와 어울리고 또 그를 좇아 기뻐하라.

정기편

나를 따라
해 봐라~
이렇게~

생각
다지기

"우리 숙제하지 말고, 게임이나 할까?"

어떤 친구가 학교 숙제를 하지 말자고 하면 뭐라고 대답할래? '하기 싫었는데 잘됐다!' 하고 순순히 따를 거라고?

아니야. 다른 사람이 옳지 않은 행동을 하자고 하면 절대 맞장구를 치면서 따라가면 안 돼. 나쁜 일은 듣지도 말고 듣더라도 말려야 해.

"할머니가 무거운 짐을 들고 가시네. 우리 가서 도와드리자."

이런 친구의 말은 얼른 들어야지. 그런 친구와는 계속 가깝게 어울리는 게 좋아. 그러면 내 마음도 함께 기뻐진단다.

✏️ 바른 자세로 또박또박 따라 써 보세요.

내 차례

| 다 | 른 | | 사 | 람 | 의 | | 착 | 한 | | 것 | 을 |

| 듣 | 거 | 든 | | 곧 | | 나 | 아 | 가 | | 그 | 와 | | 어 |

| 울 | 리 | 고 | | 또 | | 그 | 를 | | 좋 | 아 | | 기 | 뻐 |

| 하 | 라 | . |

엄마 차례

D영필가 낭시인~~!

✏️ 마무리는 외워서 쓰고, 한자 원문도 따라 써 보세요.

마무리

聞人言人之善
則就而和之 又從而喜之

월   일

📖 어휘 마당

言 말씀 언
예 언쟁

和 응답할 화
예 화답

則 곧 즉
예 즉시

就 이룰 취,
나아갈 취
예 성취

又 또 우
▶ '또'라는
뜻으로 쓰임.

喜 기쁠 희
예 희열

애들아! PC방에서 놀다 가렴.

빨리 가 보자!

앗!

어린이 도서관이 새로 생겼어.

어린이 도서관

📢 큰 목소리로 또박또박 읽어 보세요.

＊엄마랑 번갈아 읽어도 재미있어요!

勿 以 自 大 而 蔑 小
말 **물** 로써 **이** 스스로 **자** 큰 **대** 말 이을 **이** 업신여길 **멸** 작을 **소**

자신이 잘났다고 해서
남을 업신여기지 말라.

정기편

생각 다지기

"쟤는 나보다 공부를 못하니까."
"쟤는 나보다 운동을 못하니까."
우리가 남을 무시하는 이유는 참 여러 가지야. 내가 더 소중한 사람이니까. 내가 더 잘났으니까. 내가 더 잘하니까. 하지만 이 세상에 무시당해도 되는 사람은 없어. 더 잘난 사람도, 더 못난 사람도 없지. 사람마다 각자 잘하는 것이 다를 뿐이야. 누구나 어떤 부분은 잘하고 어떤 부분은 모자랄 뿐이지.
그러니 내가 더 잘났다고 남을 무시하거나 업신여겨서는 안 돼. 내가 못하는 어떤 것, 내가 모자란 어떤 것을 그 친구는 더 잘할 수도 있으니까.

✏️ 바른 자세로 또박또박 따라 써 보세요.

_{한 번
쓰고}

자	신	이		잘	났	다	고		해	서		남
을		업	신	여	기	지		말	라	.		

✏️ 뜻을 생각하며 천천히 써 보세요.

_{또
쓰고}

✏️ 마무리는 외워서 쓰고, 한자 원문도 따라 써 보세요.

_{마무리}

勿 以 自 大 而 蔑 小

📝 어휘 마당

勿 말 물
▶ '하지 않는다.'
금지의 뜻으로
쓰임.

自 스스로 자
예 자기

大 큰 대
예 대학교

蔑 업신여길 멸
예 경멸

小 작을 소
예 최소

날아가기 전에 갑아 볼까?

📢 큰 목소리로 또박또박 읽어 보세요.

*엄마랑 번갈아 읽어도 재미있어요!

不 知 足 者 富 貴 亦 憂

아니 **부** 알 **지** 만족할 **족** 사람 **자** 부유할 **부** 귀할 **귀** 또 **역** 근심 **우**

만족할 줄 모르는 사람은
부유하고 귀하게 되어도 근심한다.

안분편

생각 다지기

소풍을 와서 도시락을 열었더니 준선이는 하얀 밥에 김치와 김뿐이었지만 참 맛있게 먹었어. 반면 희동이는 김밥에 과자, 과일 샐러드까지 한가득 싸 왔는데도 자기가 좋아하는 게 하나도 없다면서 툴툴거렸지.

어떤 상황에 대해 긍정적으로 생각하며 만족하는 사람이 있는가 하면, 반대로 근심만 하며 투덜대는 사람이 있단다. 긍정적으로 생각하고 만족하는 사람은 아무리 힘들고 괴로운 일이 찾아와도 씩씩하게 대처할 수 있어. 비록 가난하고 가진 게 없어도 말이야. 반면에 모든 일을 부정적으로 생각하고 마음에 들어 하지 않는 사람은 풍족한 상황에서도 늘 근심하며 불안해하지.

우리가 처하게 되는 상황을 늘 선택할 수 있는 것은 아니야. 하지만 그 상황을 어떤 마음으로 대할지는 언제든 선택할 수 있어. 즉, 만족함은 조건이 아닌 선택이란다.

✏️ 바른 자세로 또박또박 따라 써 보세요.

내 차례

만	족	할		줄		모	르	는		사	람	은
부	유	하	고		귀	하	게		되	어	도		근
심	한	다	.									

✏️ 뜻을 생각하며 천천히 써 보세요.

엄마 차례

D형펜과 냉치오~~!

✏️ 마무리는 외워서 쓰고, 한자 원문도 따라 써 보세요.

마무리

不 知 足 者 富 貴 亦 憂

◆ 어휘 마당

知 알 지
예 지식

足 만족할 족
예 만족

富 부유할 부
예 부자

憂 근심 우
예 우환

📢 **큰 목소리로 또박또박 읽어 보세요.**

*엄마와 번갈아 읽어도 재미있어요!

以 恕 己 之 心
로써 **이**　용서할 **서**　자기 **기**　어조사 **지**　마음 **심**

恕 人 　 則 全 交
용서할 **서**　사람 **인**　　곧 **즉**　완전할 **전**　사귈 **교**

자신을 용서하는 마음으로 남을 용서하면 사귐이 온전하다.

존심편

💬 **생각 다지기**

"조별 과제를 해야 하는데 늦으면 어떡해?"

약속에 늦은 친구 때문에 조별 과제를 망치게 되면 그 친구에게 화를 내기 쉬워. 하지만 똑같은 상황에서 내가 늦으면 여러 가지 핑계를 대면서 어쩔 수 없었다고 할 거야.

'늦고 싶어서 늦은 게 아니라 길이 막힌 거잖아. 내 잘못이 아니야.'

내 잘못에 대해서는 대수롭지 않게 생각하고 넘어가려고 하는 거야.

이렇게 다른 친구의 잘못은 인정사정없이 꾸짖고, 내 잘못은 그럴 수도 있다고 스스로 변명한다면 친구와의 사이에는 금이 가게 될 거야. 친구도 나와 똑같은 마음이란다. 그러니 나의 처지를 미루어서 남을 헤아려 주는 마음이 필요해. 다른 사람의 잘못은 넉넉하게 품어 주고, 나의 잘못은 철저하게 반성한다면 주위 사람들과 사이가 훨씬 돈독해지고, 세상은 훨씬 따뜻하게 될 거야.

✏ 바른 자세로 또박또박 따라 써 보세요.

한 번
쓰고

자	신	을		용	서	하	는		마	음	으	로
남	을		용	서	하	면		사	귐	이		온	전
하	다	.										

✏ 뜻을 생각하며 천천히 써 보세요.

또
쓰고

을(버) 날아가기 전에 잡아 볼까?

✏ 마무리는 외워서 쓰고, 한자 원문도 따라 써 보세요.

마무리

以	恕	己	之	心		恕	人		則	全	交

📙 어휘 마당

恕 용서할 서
예 용서

心 마음 심
예 심신

全 완전할 전
예 온전

交 사귈 교
예 교제

앗! 죄송해요. 실수로 그만…

괜찮다. 괜찮아. 다치지 않았니?

헉! 저건 200년된 골동품!

📢 큰 목소리로 또박또박 읽어 보세요.

* 아빠랑 번갈아 읽어도 재미있어요!

心 安 茅 屋 穩
마음 **심**　편안할 **안**　띠 **모**　집 **옥**　평온할 **온**

性 定 菜 羹 香
성품 **성**　안정될 **정**　나물 **채**　국 **갱**　향기로울 **향**

마음이 편안하면 초가집도 따뜻하고, 성품이 안정되면 나물국도 향기롭다.

존심편

마음이 편하니
모든 것이 편하다~

생각 다지기

엄마를 도와 땀 흘리며 설거지와 청소를 끝마친 후, 냉수 한잔을 벌컥 들이키면 어떤 맛일까? 설탕을 탄 듯 아주 꿀맛 같을 거야. 반면에 엄마 몰래 지갑에서 돈을 빼내어 음료수를 사 먹으면 어떤 맛일까? 설탕이 듬뿍 들어가 달짝지근할 테지만, 왠지 씁쓸한 느낌이 들 거야. 몰래 나쁜 짓한 게 마음에 걸려서 그렇게 느껴지는 거지.

행복과 불행을 결정짓는 것은 외부 환경이 아니라 내 마음에 달려 있단다. 마음이 편안하면 거친 음식을 먹고 초가집의 좁은 방에서 자도 만족스럽고 기분이 좋아. 이와 반대로 마음이 불안하고 편안하지 않으면 아무리 진수성찬이 앞에 있어도 맛이 없고, 아무리 넓은 궁궐에서 자도 불편하지. 이처럼 행복은 내 마음속에 있단다.

✏️ 바른 자세로 또박또박 따라 써 보세요.

내 차례

마	음	이		편	안	하	면		초	가	집	도
따	뜻	하	고	,		성	품	이		안	정	되	면
나	물	국	도		향	기	롭	다	.

✏️ 뜻을 생각하며 천천히 써 보세요.

아빠 찬스

D형필라 냄새의~~!

✏️ 마무리는 외워서 쓰고, 한자 원문도 따라 써 보세요.

마무리

| 心 | 安 | 茅 | 屋 | 穩 | | 性 | 定 | 菜 | 羹 | 香 |

월   일

📙 어휘 마당

安 편안할 **안**
예 **편안**

茅 띠 **모**
▶ '초가지붕'을 가리킴.

屋 집 **옥**
예 **가옥**

穩 평온할 **온**
예 **평온**

性 성품 **성**
예 **성격**

定 안정될 **정**
예 **안정**

菜 나물 **채**
예 **채소**

香 향기로울 **향**
예 **향기**

먹으면서 들어!
공부할 말이야...

아... 불편해.

옆집 아이는 학원을 5개나 다녀, 너은...

성적표

📢 큰 목소리로 또박또박 읽어 보세요.

*엄마랑 번갈아 읽어도 재미있어요!

忍 一 時 之 忿
참을 **인**　하나 **일**　때 **시**　어조사 **지**　분할 **분**

免 百 日 之 憂
면할 **면**　일백 **백**　날 **일**　어조사 **지**　근심 **우**

한순간의 화를 참으면
백 일의 근심을 면한다.

계성편

참을 인 자 세 번만 쓰자!

忿

생각 다지기

친구와 사소한 일로 다투다가 순간적인 감정을 이기지 못해 욱하고 화를 낸 일이 있을 거야. 평소 좋았던 사이도 그런 일이 생기면 멀어지게 되지. 또 엄마의 잔소리를 듣다가 너무 지겨워서 순간적으로 꽥 소리를 질러 엄마를 당황하게 만들었던 일이 있을 거야. 나도 모르게 부모님께 화를 낸 거지. 엄마가 얼마나 속상하셨을까?

화를 내는 건 순간이지만 감정의 상처는 아주 오래 간단다. 평생을 가는 일도 있어. 한순간의 감정을 참지 못하는 바람에 좋은 분위기가 엉망이 되고, 친하던 사이가 평생 원수가 되는 일도 있지. 화가 날 때는 세 번만 참았다가 말해 보렴. 아마도 틀림없이 기분이 가라앉아 차분하게 말할 수 있을 거야. 순간의 화를 참는다면 모든 일이 원만해진단다.

✏️ 바른 자세로 또박또박 따라 써 보세요.

한 번
쓰고

한	순	간	의		화	를		참	으	면		백

일	의		근	심	을		면	한	다	.		

✏️ 뜻을 생각하며 천천히 써 보세요.

또
쓰고

화가 날아가기 전에 잡아 볼까?

✏️ 마무리는 외워서 쓰고, 한자 원문도 따라 써 보세요.

마무리

忍	一	時	之	忿	免	百	日	之	憂

◆ 어휘 마당

忍 참을 **인**
예 **인**내심

一 하나 **일**
예 **일**등

時 때 **시**
예 **시**간

忿 분할 **분**
예 격**분**

免 면할 **면**
예 **면**제

百 일백 **백**
예 **백** 점

음… 불편해.

아~ 불편해. 참을 걸 괜히 **화**내서 어색해져 버렸어.

아구아구

3장

말을 조심하는 방법

매일 체크!

큰 목소리로 또박또박 읽어 보세요.

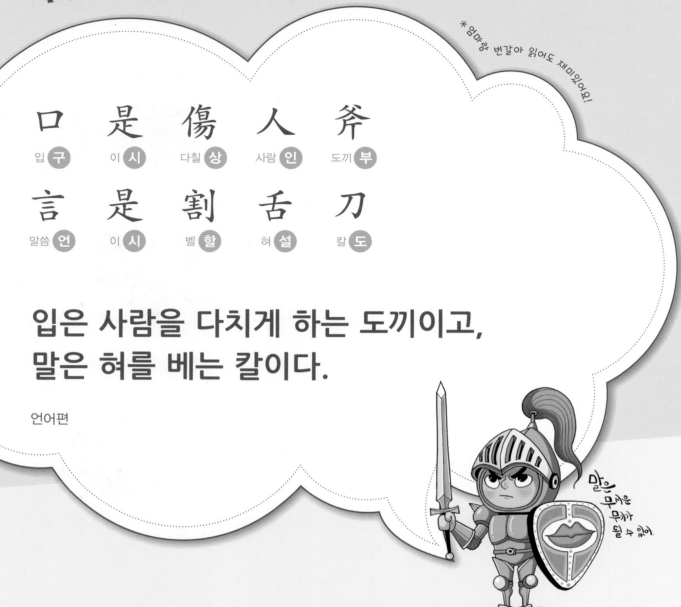

口 是 傷 人 斧
입**구** 이**시** 다칠**상** 사람**인** 도끼**부**

言 是 割 舌 刀
말씀**언** 이**시** 벨**할** 혀**설** 칼**도**

입은 사람을 다치게 하는 도끼이고, 말은 혀를 베는 칼이다.

언어편

* 엄마랑 번갈아 읽어도 재미있어요!

말은 무서운 무기가 될 수 있어.

 생각 다지기

이 세상에서 가장 무서운 무기가 뭘까? 바로 혀에서 나오는 말이란다.

"이 나쁜 놈아!"

"평생 거지로 빌어먹을 놈아!"

욕설이나 무시하는 말을 들으면 기분이 나빠지고 우울해지지. 심하면 도끼나 칼로 베인 것처럼 마음에 깊은 상처가 되어 오랫동안 아픔을 겪는단다. 몸에 난 상처는 눈에 보이니까 알아채고 치료하기도 쉽지만, 마음에 입은 상처는 눈에 보이지 않아서 고치기가 힘들어. 사람의 입에서 나오는 말은 이처럼 때에 따라 도끼나 칼처럼 아주 무서운 흉기가 될 수도 있단다. 그러니까 함부로 말하거나 다른 사람에게 상처가 되는 말은 삼가도록 하자.

바른 자세로 또박또박 따라 써 보세요.

내 차례

입은	사람을	다치게	하는
도끼이고,	말은	혀를	베는
칼이다.			

뜻을 생각하며 천천히 써 보세요.

엄마 차례

명필가 났지요~~!

마무리는 외워서 쓰고, 한자 원문도 따라 써 보세요.

마무리

口是傷人斧 言是割舌刀

어휘 마당

口 입 구
예 식구

傷 다칠 상
예 상처

斧 도끼 부
▶ '도끼'의 뜻으로 쓰임.

割 벨 할
예 분할

舌 혀 설
예 구설수

刀 칼 도
예 은장도

욱하지 마!
마음에 상처가
되어 아프다고!

📢 큰 목소리로 또박또박 읽어 보세요.

*엄마랑 번갈아 읽어도 재미있어요!

道 吾 好 者   是 吾 賊
말할 **도** 나 **오** 좋을 **호** 사람 **자**   이 **시** 나 **오** 적 **적**

道 吾 惡 者   是 吾 師
말할 **도** 나 **오** 악할 **악** 사람 **자**   이 **시** 나 **오** 스승 **사**

나를 좋게 말하는 사람은 곧 나의 적이고, 나를 나쁘게 말하는 사람은 곧 나의 스승이다.

정기편

아뵤~!

당신은 나의 **적**이군!

 생각 다지기

"너는 공부를 잘하는구나. 정말 대단해."

"너는 목소리가 너무 큰 것 같아. 말할 때 침도 많이 튀고."

어떤 친구는 나를 칭찬만 하는데, 어떤 친구는 나의 단점을 지적한다면 칭찬해 주는 친구랑 친해지고 싶을 거야. 하지만 잘 생각해 보렴. 내 앞에서 나를 칭찬하는 말만 계속 듣다 보면 자만심에 빠져서 잘난 척을 하게 될 거야. 달콤한 말은 당장은 기분 좋지만 계속되면 마음을 썩게 하지. 반면에 나의 단점을 지적하는 말을 듣게 되면 그 단점을 고치려고 노력하겠지. 목소리도 조금 줄이고, 말할 때 침이 튀지 않게 조심할 거야. 그러면 친구들과 말할 때 더는 피해를 끼치지 않게 되겠지?

《탈무드》에서도 이렇게 말한단다. "너를 칭찬하고 따르는 친구도 있고, 너를 비판하는 친구도 있을 것이다. 너를 비판하는 친구와 가까이 지내도록 하고 너를 칭찬하는 친구는 멀리하라."

✏️ 바른 자세로 또박또박 따라 써 보세요.

한 번
쓰고

| 나를 | 좋게 | 말하는 | 사람은 |

| 곧 | 나의 | 적이고, | 나를 | 나쁘 |

| 게 | 말하는 | 사람은 | 곧 | 나의 |

| 스승이다. |

또
쓰고

들어 날아가기 전에 값이 뭘까?

✏️ 마무리는 외워서 쓰고, 한자 원문도 따라 써 보세요.

마무리

道吾好者 是吾賊
道吾惡者 是吾師

📖 어휘 마당

道 길 도,
말할 도
예 보도, 도리

吾 나 오
▶ '나'를 뜻함.

好 좋을 호
예 호의

賊 적 적
예 해적

師 스승 사
예 교사

📢 큰 목소리로 또박또박 읽어 보세요.

*엄마랑 번갈아 읽어도 재미있어요!

耳 不 聞 人 之 非
귀 **이** 아니 **불** 들을 **문** 사람 **인** 어조사 **지** 나쁠 **비**

目 不 視 人 之 短
눈 **목** 아니 **불** 볼 **시** 사람 **인** 어조사 **지** 단점 **단**

口 不 言 人 之 過
입 **구** 아니 **불** 말씀 **언** 사람 **인** 어조사 **지** 허물 **과**

귀로는 남의 나쁜 점을 듣지 말고,
눈으로는 남의 단점을 보지 말며,
입으로는 남의 허물을 말하지 않는다.

정기편

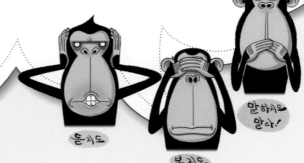

생각 다지기

어떤 사람이 훌륭한 사람일까? 길거리의 쓰레기를 줍는 사람, 아픈 사람의 병을 무료로 고쳐 주는 의사 등등 많지. 그런데 그런 사람들도 훌륭하지만, 정말 훌륭한 사람은 다른 사람의 단점을 듣거나 보려 하지 않고 다른 사람의 잘못을 입으로 옮기지 않는 사람이란다.

"쟤는 매일 똑같은 옷을 입고 다녀. 옷도 빨지 않는 걸 보니 게으르고 지저분한가 봐."

누군가 어떤 친구에 대해 흉을 보더라도 그런 말은 듣지도 말고, 그런 모습은 눈여겨보지도 말고, 그런 말은 옮기지도 말아야 해. 다른 사람의 허물에 대해 뒤에서 이러쿵저러쿵 말하지 않는 사람, 그것이 진짜 훌륭한 사람이란다.

바른 자세로 또박또박 따라 써 보세요.

내 차례

귀	로	는		남	의		나	쁜		점	을
듣	지		말	고	,	눈	으	로	는		남	의
단	점	을		보	지		말	며	,	입	으	로	는
남	의		허	물	을		말	하	지		않	는	다	.

엄마 차례

D연필과 났지인~~!

 마무리는 외워서 쓰고, 한자 원문도 따라 써 보세요.

마무리

| 耳 | 不 | 聞 | 人 | 之 | 非 | | 目 | 不 | 視 | 人 | 之 | 短 |
| 口 | 不 | 言 | 人 | 之 | 過 |

◆ 어휘 마당

耳 귀 이
예 이비인후과

非 나쁠 비
예 비리

目 눈 목
예 이목

視 볼 시
예 시력

短 단점 단
예 단점

過 허물 과
예 과실

나... 못생겼고, 키도 작고, 피부도 엉망도 아닌, 한 꼴인에 너희랑 같이 놀 수 있을까?

그게 무슨 문제야? 우리 같이 놀자!

어서 와. 같이 하자.

빨리 와.

월   일

🔊 큰 목소리로 또박또박 읽어 보세요.

*엄마랑 번갈아 읽어도 재미있어요!

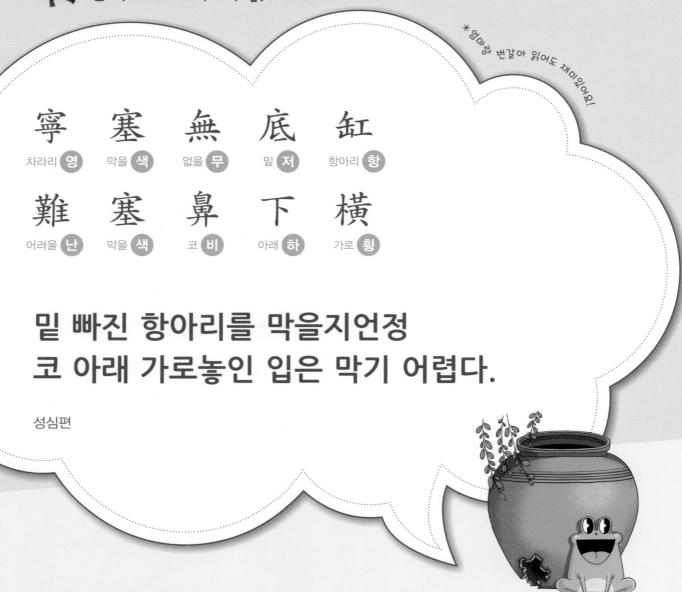

寧 塞 無 底 缸
차라리 **영**　막을 **색**　없을 **무**　밑 **저**　항아리 **항**

難 塞 鼻 下 橫
어려울 **난**　막을 **색**　코 **비**　아래 **하**　가로 **횡**

밑 빠진 항아리를 막을지언정
코 아래 가로놓인 입은 막기 어렵다.

성심편

생각
다지기

물을 채워야 할 항아리의 밑이 빠져 있다면 어떻게 해야 할까? 임시로 돌을 구해서 밑을 막으면 돼. 아니면 진흙으로 갈라진 틈을 메꾸면 되지. 그것도 안 되면 새는 물을 다른 그릇에 옮겨 담으면 그만이야.

하지만 입에서 줄줄 나오는 말은 막을 수가 없단다. 한번 뱉은 말은 도로 주워 담을 수가 없지. 하지 말아야 할 말을 해서 사람 사이의 관계가 나빠지기도 하고, 거짓말을 하는 바람에 그동안 힘들게 쌓은 명예가 우르르 무너지기도 한단다. "너한테만 말해 주는 거야."라고 시작한 말은 돌고 돌아 다 알려지기도 하고 말이야. "듣기는 빨리 하되 말하기는 늦게 하라."라는 말도 있어. 그러니 처음부터 말조심!

✏️ 바른 자세로 또박또박 따라 써 보세요.

한 번 쓰고	밑		빠	진		항	아	리	를		막	을	지
	언	정		코		아	래		가	로	놓	인		입
	은		막	기		어	렵	다	.				

✏️ 뜻을 생각하며 천천히 써 보세요.

또 쓰고

들(석) 날아가기 전에 잡아 볼까?

✏️ 마무리는 외워서 쓰고, 한자 원문도 따라 써 보세요.

마무리

寧 塞 無 底 缸 難 塞 鼻 下 橫

어휘 마당

寧 차라리 영(령)
▶ '차라리 ~할
지언정'으로
풀이함.

塞 막을 색
▶ '막다'의
뜻으로 쓰임.

底 밑 저
예 저력

缸 항아리 항
예 어항

鼻 코 비
예 비염

下 아래 하
예 상하

橫 가로 횡
예 횡단

한번 뱉은 말

🔊 큰 목소리로 또박또박 읽어 보세요.

*엄마와 번갈아 읽어도 재미있어요!

甚 譽 必 甚 毁

심할 **심**　기릴 **예**　반드시 **필**　심할 **심**　헐뜯을 **훼**

지나치게 칭찬하면 반드시 지나치게 비난하게 된다.

성심편

비켜!
내가 여기서
제일 세다고! 하룬강아지
으악!

생각 다지기

"수학 100점 맞았네. 네가 전국, 아니 세계 최고로 수학을 잘할 거야."
수학 시험에서 100점 한 번 받았다고 해서 이런 칭찬을 받는다면 어떨까? 처음엔 정말 내가 천재인 것 같기도 하고, 수학을 제일 잘하는 기분이 들지도 몰라. 그러면서 나중엔 이런 생각도 들 거야.
'난 수학 천재니까 이제부터 수학 공부 안 해도 되겠지? 난 원래 잘하니까.'
이렇게 되면 칭찬받은 것이 오히려 독이 될 거야. 적당한 칭찬이 아닌 지나친 칭찬은 오히려 비난을 불러일으켜. 다른 사람에게도 지나친 칭찬은 삼가야 하고, 나 또한 칭찬을 들었을 때 우쭐해져서 비난을 불러 오지 않게 해야 해.

✏️ 바른 자세로 또박또박 따라 써 보세요.

내
차례

지	나	치	게		칭	찬	하	면		반	드	시
지	나	치	게		비	난	하	게		된	다	.

◆ 어휘 마당

甚 심할 **심**
예 심지어

✏️ 뜻을 생각하며 천천히 써 보세요.

엄마
차례

譽 기릴 **예**
예 명예

必 반드시 **필**
예 필연

명필과 낭자의~~!

✏️ 마무리는 외워서 쓰고, 한자 원문도 따라 써 보세요.

마무리

毁 헐뜯을 **훼**
예 훼손

甚	譽	必	甚	毁

우리 아들이 수학 쪽지시험
100점을 받았어요.
나중에 특목고, 서울대
가겠어요. 호호호

큰 목소리로 또박또박 읽어 보세요.

*엄마랑 번갈아 읽어도 재미있어요!

若 聽 一 面 說
만약 **약** 들을 **청** 하나 **일** 측면 **면** 말씀 **설**

便 見 相 離 別
문득 **변** 볼 **견** 서로 **상** 떼어질 **이** 나눌 **별**

한쪽의 말만 들으면
친한 사이가 서로 멀어진다.

성심편

 생각 다지기

"걔가 나를 흉보더라고."

"정말? 걔 정말 나쁘다."

한 친구가 다른 친구랑 싸운 뒤 나에게 하소연하는 걸 들으며 맞장구를 친 경험이 있을 거야. 그 친구와 다른 친구의 험담을 한 적도 있겠지. 그런데 시간이 지나고 보니, 이게 웬일이야? 싸웠다던 두 친구가 서로 꼭 붙어 사이좋게 지내고 있잖아? 오히려 둘이 나에게 눈치를 주면서. 한 친구는 자기를 오해했다고 섭섭해하고, 다른 친구는 자기가 한 말을 옮길까 봐 나를 멀리하지. 결국 한 사람의 말만 들은 나만 친구 둘을 잃게 된 거야.

사람은 대체로 자기의 입장에서만 말하게 되어 있단다. 그러니 한쪽 말만 듣고 섣불리 판단하고 편을 들었다가는 친한 친구 사이도 멀어지게 돼. 양쪽의 입장을 두루 듣는 지혜가 필요하단다. 그래서 사람에게 귀는 두 개, 입은 하나가 있는 게 아닐까?

✏️ 바른 자세로 또박또박 따라 써 보세요.

한 번
쓰고

한	쪽	의		말	만		들	으	면		친	한
사	이	가		서	로		멀	어	진	다	.	

✏️ 뜻을 생각하며 천천히 써 보세요.

또
쓰고

들어 날아가기 전에 잡아 볼까?

✏️ 마무리는 외워서 쓰고, 한자 원문도 따라 써 보세요.

마무리

若聽一面說 便見相離別

월   일

📕 **어휘 마당**

聽 들을 **청**
예 **청**력

面 측면 **면**
예 측**면**

相 서로 **상**
예 **상**대

離 떼어질 **이(리)**
예 **이**별

別 나눌 **별**
예 구**별**

듣고 보니 둘다 맞는 거 같아.

🔊 큰 목소리로 또박또박 읽어 보세요.

* 아빠랑 번갈아 읽어도 재미있어요!

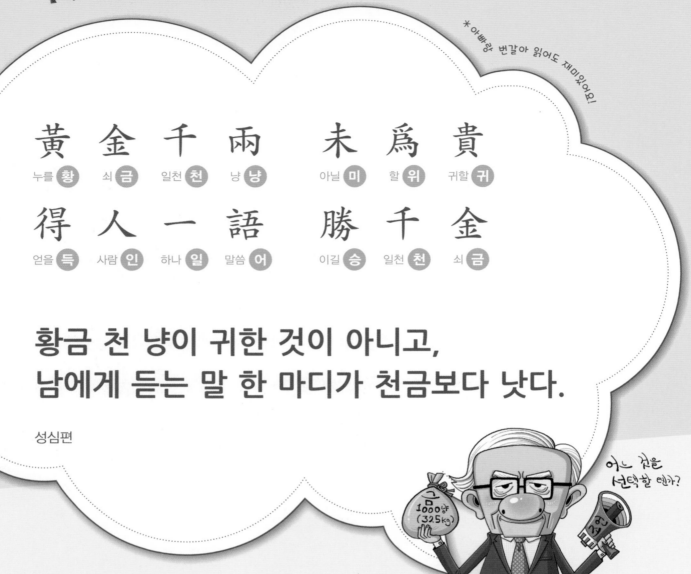

黃 金 千 兩　 未 爲 貴
누를 **황**　쇠 **금**　일천 **천**　냥 **냥**　　아닐 **미**　할 **위**　귀할 **귀**

得 人 一 語　 勝 千 金
얻을 **득**　사람 **인**　하나 **일**　말씀 **어**　　이길 **승**　일천 **천**　쇠 **금**

**황금 천 냥이 귀한 것이 아니고,
남에게 듣는 말 한 마디가 천금보다 낫다.**

성심편

어느 것을 선택할 텐가?

**생각
다지기**

"저 오늘 100점 맞았어요."
시험에서 100점을 맞고 집에 돌아와 엄마에게 자랑하는 순간, 엄마가 어떤 반응을 보이면 더 기쁠까? "옛다, 상금 만 원!" 이러면서 칭찬 한 마디 없이 돈을 주면 좋을까?
"정말? TV 보는 시간을 줄이고 열심히 공부하더니 다 맞았구나. 열심히 노력한 네가 정말 자랑스럽다." 이렇게 노력을 값지게 평가해 주는 말 한 마디가 더 기쁠 거야.
TV 보는 즐거움을 포기하고 열심히 공부한 대가로 좋은 점수를 얻은 것을 통해 노력의 소중함을 알게 되고, 엄마에게 기쁨을 선물할 수 있음도 알게 되었으니까. 칭찬뿐 아니라 인생에 도움이 되는 말은 만 원, 아니 커다란 황금보다도 더 귀해. 그 칭찬이 자신감을 불어넣어 주고, 때로는 인생을 바꾸는 큰 힘을 발휘하기도 한단다.

✏️ 바른 자세로 또박또박 따라 써 보세요.

내 차례	황	금		천		냥	이	귀	한		것	이
	아	니	고	,	남	에	게		듣	는	말		한
	마	디	가		천	금	보	다		낫	다	.

✏️ 뜻을 생각하며 천천히 써 보세요.

아빠 찬스

D명필과 넓치오~~!

✏️ 마무리는 외워서 쓰고, 한자 원문도 따라 써 보세요.

마무리

黃金千兩 未爲貴
得人一語 勝千金

📖 어휘 마당

黃 누를 **황**
예 **황**금

金 쇠 **금**
예 **금**요일

千 일천 **천**
예 **천** 원

兩 냥 **냥**
▶ '돈의 단위'로 쓰임.

未 아닐 **미**
예 **미**지

得 얻을 **득**
예 **득**점

勝 이길 **승**
예 **승**리

오늘의 이 영광을 어린 시절 아버지의 칭찬 한 마디 덕분이잖아요!

와! 이 그림 정말 먼진데!

제30회 △△ 영화제
애니메이션 부분 대상

📢 **큰 목소리로 또박또박 읽어 보세요.**

*엄마랑 번갈아 읽어도 재미있어요!

無 益 之 言 莫 妄 說
없을 **무** 이로울 **익** 어조사 **지** 말씀 **언** 　　말다 **막** 망령될 **망** 말할 **설**

不 干 己 事 莫 妄 爲
아니 **불** 간여할 **간** 몸 **기** 일 **사** 　　말다 **막** 망령될 **망** 할 **위**

이롭지 않은 말을 함부로 하지 말고, 나와 관계없는 일은 함부로 하지 말라.

정기편

💭 **생각 다지기**

"그 애 얘기 들었어? 이러쿵저러쿵."

"그 얘기 알아? 쏙닥쏙닥."

친구들과의 수다는 해도 해도 끝이 없어. 수학 여행이나 수련회를 가면 이불을 뒤집어쓰고 밤을 꼴딱 새며 대화를 나누어도 얘깃거리가 떨어지지 않지. 그런데 잘 생각해 봐. 혹시 우리가 한 말들 중에 다른 사람에게 이롭지 않은 대화는 없었는지, 나와 상관없는 일을 재미삼아 마구 떠벌리지는 않았는지. 말이 많아지면 항상 실수가 뒤따르게 되어 있어. 말은 꼭 필요한 이야기만 하는 것이 좋단다. 그리고 나와 관계없는 일에는 함부로 끼어들지 않는 게 좋아. 앞뒤 사정도 모르면서 관계 없는 일에 함부로 간섭했다가는 큰코다칠 수도 있단다.

✏️ 바른 자세로 또박또박 따라 써 보세요.

한 번
쓰고

이	롭	지		않	은		말	을		함	부	로
하	지		말	고	,	나	와		관	계	없	는
일	은		함	부	로		하	지		말	라	.

✏️ 뜻을 생각하며 천천히 써 보세요.

또
쓰고

늘어 날아가기 전에 잠아 불까?

✏️ 마무리는 외워서 쓰고, 한자 원문도 따라 써 보세요.

마무리

| 無 | 益 | 之 | 言 | | 莫 | 妄 | 說 |
| 不 | 干 | 己 | 事 | | 莫 | 妄 | 爲 |

📖 **어휘 마당**

無 없을 **무**
예 **무지**

事 일 **사**
예 **사태**

益 이로울 **익**
예 **이익**

妄 망령될 **망**
예 **망상**

干 간여할 **간**
예 **간섭**

큰 목소리로 또박또박 읽어 보세요.

*엄마랑 번갈아 읽어도 재미있어요!

人 間 私 語　天 聽 若 雷
사람 **인**　사이 **간**　사사로울 **사**　말씀 **어**　하늘 **천**　들을 **청**　같을 **약**　우레 **뇌**

暗 室 欺 心　神 目 如 電
어두울 **암**　집 **실**　속일 **기**　마음 **심**　귀신 **신**　눈 **목**　같을 **여**　번개 **전**

사람 사이의 비밀스런 말도 하늘은
우레 소리처럼 듣고, 어두운 방에서
마음을 속여도 신은 번개처럼 본다.

천명편

쫑긋

생각
다지기

"꼭 너만 알아야 돼. 이건 절대 비밀이야."
비밀이라고 하면서 어떤 친구와 다른 사람을 뒤에서 헐뜯거나 흉을 본 적이 있을 거야. 분명 나와
그 친구만 알고 있을 거라고 믿으면서. 하지만 이 세상에 아무도 모르는 비밀은 없단다. 이미 내가
알고 너도 알고 있는걸. 아무리 둘만의 비밀이라고 꼭꼭 약속해도 언젠가는 퍼져서 사람들에게
알려지기 마련이란다. "낮말은 새가 듣고 밤말은 쥐가 듣는다."라는 속담을 들어 보았지?
그뿐만이 아니야. 아무도 모르게 나 혼자 슬쩍 딴짓을 해도 언젠가는 탄로 나게 되어 있어. 세상
사람들은 다 속일 수 있어도 내 양심과 하늘에서 내려다보는 신은 속일 수가 없거든. 그러면 어떻
게 해야 하느냐고? 어렵지 않아. 늘 좋은 마음을 갖고, 말조심하면서 정직하게 살면 된단다.

✏️ 바른 자세로 또박또박 따라 써 보세요.

내 차례

사	람		사	이	의		비	밀	스	런		말
도		하	늘	은		우	레		소	리	처	럼
듣	고	,	어	두	운		방	에	서		마	음	을
속	여	도		신	은		번	개	처	럼		본	다	.

엄마 차례

명필가 났지요~~!

✏️ 마무리는 외워서 쓰고, 한자 원문도 따라 써 보세요.

마무리

人間私語 天聽若雷
暗室欺心 神目如電

월   일

📙 어휘 마당

間 사이 간
예 인간

私 사사로울 사
예 사생활

語 말씀 어
예 언어

若 같을 약
예 만약

雷 우레 뇌(뢰)
예 지뢰

暗 어두울 암
예 명암

神 귀신 신
예 귀신

電 번개 전
예 전기

4장

마음을 살피는 방법

매일 체크!

📢 큰 목소리로 또박또박 읽어 보세요.

*엄마랑 번갈아 읽어도 재미있어요!

若 要 人 重 我
만약 **약**　원할 **요**　사람 **인**　소중할 **중**　나 **아**

無 過 我 重 人
없을 **무**　지날 **과**　나 **아**　소중할 **중**　사람 **인**

남이 나를 귀하게 여기기를 바란다면
내가 먼저 남을 귀하게 여겨야 한다.

준례편

생각
다지기

"교장 선생님, 안녕하세요?"

"그래, 인사성이 참 밝구나. 몇 학년 몇 반이니?"

교장 선생님에게 먼저 깍듯이 인사를 하면, 교장 선생님도 내 머리를 쓰다듬으며 따뜻하게 받아 주시지. 그런데 교장 선생님이 날 모르실 거라고 지레짐작하고, 흘깃 곁눈질만 하며 지나치면 어떨까? 교장 선생님이 먼저 인사를 건넬 수도 있지만 그냥 지나치실 수도 있지. 교장 선생님이 먼저 날 알아 주시길 바란다면, 내가 먼저 인사를 해서 예를 갖추어야 해.

다른 사람들이 나를 귀하게 여기도록 하려면 어떻게 하는 게 좋을까? 내가 먼저 다른 사람들을 귀하게 대하면 돼. "가는 말이 고와야 오는 말이 곱다."라는 속담 알지? 내가 대우받고 싶은 대로 남을 대우하면, 다른 사람도 나를 똑같이 대우하는 법이란다.

✏️ 바른 자세로 또박또박 따라 써 보세요.

한 번
쓰고

남	이		나	를		귀	하	게		여	기	기
를		바	란	다	면		내	가		먼	저	남
을		귀	하	게		여	겨	야		한	다	.

✏️ 뜻을 생각하며 천천히 써 보세요.

또
쓰고

늘서 날아가기 전에 잡아 볼까?

✏️ 마무리는 외워서 쓰고, 한자 원문도 따라 써 보세요.

마무리

若	要	人	重	我		無	過	我	重	人

어휘 마당

要 원할 요
예 중요

重 소중할 중
예 중력

我 나 아
예 자아

過 지날 과
예 초과

네 생각이 나서
샀지. 헤헤.

어머! 나도 네 생각이 나서
선물 샀는데...

📢 큰 목소리로 또박또박 읽어 보세요.

*엄마랑 번갈아 읽어도 재미있어요!

不 經 一 事
아니 **불**　지날 **경**　하나 **일**　일 **사**

不 長 一 智
아니 **부**　길 **장**　하나 **일**　지혜 **지**

한 가지 일을 겪지 않으면
한 가지 지혜가 자라지 않는다.

성심편

알을 깨고 나서부터 시작하는 거야.

생각
다지기

"수학을 잘하고 싶어. 그런데 문제 풀기는 싫어."

"자전거 타는 법을 배우고 싶어. 하지만 넘어지는 건 싫어."

무언가를 배우고 싶다면, 그에 따른 과정을 반드시 겪어야 해.

어려운 문제를 자꾸 풀어야 수학을 잘할 수 있고, 수차례 넘어져야 자전거 타기를 배울 수 있단다. 한 가지 지혜를 얻기 위해서는 한 가지 일을 겪어야 해. 어떤 일을 겪은 후에는 알게 모르게 지혜가 한 뼘 자라게 되지.

때로는 실패도 좋은 배움의 기회가 될 수 있으니 두려워하지 말고 용감하게 부딪혀 보렴. 발명왕 에디슨도 말하길, 실패는 성공의 어머니라고 했단다.

✏️ 바른 자세로 또박또박 따라 써 보세요.

내
차례

한	가	지		일	을		겪	지		않	으
면		한		가	지		지	혜	가		자	라	지
않	는	다	.								

✏️ 뜻을 생각하며 천천히 써 보세요.

엄마
차례

명편가 낭시오~~!

✏️ 마무리는 외워서 쓰고, 한자 원문도 따라 써 보세요.

마무리

不	經	一	事		不	長	一	智

📖 어휘 마당

不 아니 **불(부)**
예 **불**안

經 지날 **경**
예 **경**험

一 하나 **일**
예 제**일**

長 길 **장**
예 **장**점

智 지혜 **지**
예 **지**혜

으.. 아프다.

🔊 큰 목소리로 또박또박 읽어 보세요.

*엄마랑 번갈아 읽어도 재미있어요!

天 不 生 無 祿 之 人
하늘 천 · 아니 불 · 날 생 · 없을 무 · 복 록 · 어조사 지 · 사람 인

地 不 長 無 名 之 草
땅 지 · 아니 부 · 길 장 · 없을 무 · 이름 명 · 어조사 지 · 풀 초

하늘은 자기 복 없는 사람을 내지 않고,
땅은 이름 없는 풀을 기르지 않는다.

성심편

 생각 다지기

"저 풀은 이름도 없는데, 왜 자랐을까?"
"나는 할 줄 아는 게 하나도 없는데, 왜 태어났을까?"
세상에는 수많은 풀이 있지만 이름 없는 풀은 없단다. 우리가 흔히 잡초라고 부르는 풀도 우리가 이름을 모르는 것일 뿐, 이름이 없는 것은 아니야. 모든 풀은 저마다 자기만의 이름을 가지고 있지. 사람도 마찬가지야. 세상에 태어난 이상 누구에게나 각자의 역할이 있고 자신만의 재주가 있단 다. 어떤 사람이 다른 사람들과 다르다고 해서, 세상이 모른다고 해서 쓸모없고 못난 것은 아니 야. 사람은 누구나 분명 잘하는 것이 있기 마련이거든. 마찬가지로 나 역시 스스로 모르고 있을 뿐, 나만의 재능을 가지고 있어. 내게 능력이 없다고 슬퍼할 것이 아니라 나만의 능력이 무엇인지 잘 찾아보렴.

✏️ 바른 자세로 또박또박 따라 써 보세요.

| 한 번 쓰고 | 하 | 늘 | 은 | | 자 | 기 | | 복 | | 없 | 는 | | 사 |

| | 람 | 을 | | 내 | 지 | | 않 | 고 | , | 땅 | 은 | | 이 | 름 |

| | 없 | 는 | | 풀 | 을 | | 기 | 르 | 지 | | 않 | 는 | 다 | . |

✏️ 뜻을 생각하며 천천히 써 보세요.

또 쓰고

늘(서) 날아가기 전에 잡아 볼까?

✏️ 마무리는 외워서 쓰고, 한자 원문도 따라 써 보세요.

마무리

天 不 生 無 祿 之 人
地 不 長 無 名 之 草

◆ 어휘 마당

祿 복 록
예 관록

地 땅 지
예 지하

名 이름 명
예 명찰

草 풀 초
예 초가집

난 풀 푼초처럼 될 테야.

와! 대단하다.

노래 잘한다.

📢 큰 목소리로 또박또박 읽어 보세요.

*아빠랑 번갈아 읽어도 재미있어요!

海	枯	終	見	底
바다 **해**	마를 **고**	마칠 **종**	볼 **견**	밑 **저**

人	死	不	知	心
사람 **인**	죽을 **사**	아니 **부**	알 **지**	마음 **심**

바다는 마르면 그 바닥을 볼 수 있으나
사람은 죽어도 그 마음을 알 수 없다.

성심편

생각 다지기

"도대체 나한테 왜 삐친 건데?"

특별한 이유도 없이 친구가 내게 삐쳐 있거나 화가 나 있을 때가 있어. 왜 그런지 속 시원히 말해 주면 좋겠는데, 말을 안 하니 도무지 그 마음을 모르겠단 말이지.

어른들이 부르는 노랫말처럼 내 마음 나도 모르는데 다른 사람의 마음을 이해하기는 더욱 어려운 법이란다. 속담에도 "열 길 물속은 알아도 한 길 사람 속은 모른다."라는 말이 있어. 그만큼 사람의 마음속을 헤아리기가 어렵다는 뜻이지. 상대방의 마음속이 어떤지 안다고 자만하지 말고, 서로의 마음을 다치게 하는 일이 없도록 항상 조심해야 한단다.

✏️ 바른 자세로 또박또박 따라 써 보세요.

내 차례	바	다	는		마	르	면		그		바	닥	을
	볼		수		있	으	나		사	람	은		죽	어
	도		그		마	음	을		알		수		없	다 .

✏️ 뜻을 생각하며 천천히 써 보세요.

아빠 찬스

D명필과 났지인~~!

✏️ 마무리는 외워서 쓰고, 한자 원문도 따라 써 보세요.

마무리

海 枯 終 見 底 人 死 不 知 心

어휘 마당

海 바다 해
예 해물

枯 마를 고
예 고목

終 마칠 종
예 종료

死 죽을 사
예 사망

知 알 지
예 지식

도대체 왜 그러냐고 ???

흥! 내가 왜 이러지 몰라?

📢 큰 목소리로 또박또박 읽어 보세요.

*엄마랑 번갈아 읽어도 재미있어요!

疑 人 莫 用
의심할 의 사람 인 없을 막 쓸 용

用 人 勿 疑
쓸 용 사람 인 말 물 의심할 의

사람을 의심하거든 쓰지 말고,
사람을 쓰거든 의심하지 말라.

성심편

힘 내세요! 당신을 응원합니다!

생각 다지기

조별로 숙제를 해야 되는데 같은 조가 된 친구가 제대로 맡은 일을 못하면 속상할 거야. 왜 이런 친구랑 같은 조가 되었을까 원망도 되고, 그 친구를 빼 버리고 싶기도 할 거야. 그렇지만 일단 같은 조가 되었다면 그 친구를 끝까지 지지해 주어야 해.

어떤 일이든 처음부터 잘하는 사람은 없단다. 조금씩 경험이 쌓이면서 본래의 실력이 드러나게 되지. 어떤 일을 할 사람을 선택할 때에는 최대한 신중해야 한단다. 가까운 사이라고 해서 무조건 믿고 무조건 편들었다간 낭패를 당할 수도 있어. 하지만 일단 선택했으면 끝까지 믿어 주어야 해. 중간에 실수했다고 바로 다그치거나 일을 해낼 수 있을지 의심하면 그 사람이 가진 본래의 실력을 발휘할 수가 없거든. 다시 한 번 말할게. 사람을 선택하거나 사귈 때에는 최대한 신중하게, 그러나 선택한 뒤에는 끝까지 응원하고 믿어 주렴.

✏️ 바른 자세로 또박또박 따라 써 보세요.

한 번
쓰고

사 람 을   의 심 하 거 든   쓰 지
말 고, 사 람 을   쓰 거 든   의 심 하
지   말 라.

✏️ 뜻을 생각하며 천천히 써 보세요.

또
쓰고

늘써 날아가게 전에 잡아 불까?

✏️ 마무리는 외워서 쓰고, 한자 원문도 따라 써 보세요.

마무리

疑人莫用 用人勿疑

어휘 마당

疑 의심할 의
예 의심

莫 없을 막
예 삭막

用 쓸 용
예 사용

勿 말 물
예 물론

📢 큰 목소리로 또박또박 읽어 보세요.

*엄마랑 번갈아 읽어도 재미있어요!

水 至 清 則 無 魚
물 **수** 지극할 **지** 맑을 **청** 곧 **즉** 없을 **무** 물고기 **어**

人 至 察 則 無 徒
사람 **인** 지극할 **지** 살필 **찰** 곧 **즉** 없을 **무** 무리 **도**

**물이 너무 맑으면 고기가 없고,
사람이 너무 살피면 친구가 없다.**

성심편

물이 너무 맑아서 물고기가 한 마리도 없어!

생각 다지기

물이 너무 맑으면 숨을 곳도 마땅치 않고, 먹을 것도 없어서 물고기가 살기 어렵단다. 사람도 마찬가지야. 언제나 정해진 규칙대로 행동하고, 늘 바른 말만 하는 사람 주변에는 친구가 별로 없지.

"교실에서 뛰면 안 돼."

"다음 시간 준비물은 미리 챙겨 놔야지."

"선생님이 조용히 책 읽고 있으라고 했잖아."

틀린 말은 아니지만, 언제나 자로 잰 듯 정확한 사람에게선 넉넉한 여유로움을 느낄 수 없어. 너무 완벽해서 가까이 가기도 꺼려지고 말이야. 가끔은 실수도 하고 망가진 모습도 보이며, 친근한 모습을 보여 주어야 친구들이 부담 없이 다가올 수 있단다.

✏️ 바른 자세로 또박또박 따라 써 보세요.

내 차례					
물 이	너 무	맑 으 면	고 기 가		
없 고 , 사 람 이	너 무	살 피 면			
친 구 가	없 다 .				

✏️ 뜻을 생각하며 천천히 써 보세요.

엄마 차례

D명필가 냉시오~~!

✏️ 마무리는 외워서 쓰고, 한자 원문도 따라 써 보세요.

마무리

水 至 清 則 無 魚
人 至 察 則 無 徒

어휘 마당

水 물 수
예 수요일

至 지극할 지
예 지극

清 맑을 청
예 청순

魚 물고기 어
예 문어

察 살필 찰
예 관찰

徒 무리 도
예 신도

괜찮아?
많이 놀랐지?

너 좀 틀리고 실수도 해라!
인간적으로!

비리비리비

📢 큰 목소리로 또박또박 읽어 보세요.

* 엄마랑 번갈아 읽어도 재미있어요!

欲 知 未 來
하고자 할 **욕** 알 **지** 아닐 **미** 올 **래**

先 察 已 往
먼저 **선** 살필 **찰** 이미 **이** 갈 **왕**

**앞으로 올 날을 알려면
먼저 지나간 일을 살펴보라.**

성심편

쿨 쿨 쿨

**생각
다지기**

"으, 시험이 벌써 내일로 다가왔네."
내일로 다가온 시험에서 어떤 결과를 얻게 될지 궁금하다고? 그렇다면 지난 며칠 동안 어떻게 지냈는지 살펴보렴. 시험 공부는 하지 않고 밤늦게까지 스마트폰으로 게임을 하다가 아침마다 늦잠을 잤다면, 시험 결과가 썩 좋지 않을 거라는 건 쉽게 짐작이 갈 거야.
'나는 커서 뭐가 될까?', '어떻게 살고 있을까?'를 알고 싶다면 '어제 내가 무엇을 했는지', '지금 무엇을 하고 있는지'를 살펴보면 된단다. 앞으로 올 날은 지나간 일과 연결되어 있어. 지난 과거가 쌓여서 오늘이라는 현재가 만들어지고 오늘이 쌓여서 내일이라는 미래가 만들어지는 거야. 어제 그리고 오늘을 열심히 살지 않는 사람에게는 성공한 미래도 찾아오지 않는단다.

✏️ 바른 자세로 또박또박 따라 써 보세요.

한 번
쓰고

| 앞 | 으 | 로 | | 올 | | 날 | 을 | | 알 | 려 | 면 | |

| 먼 | 저 | | 지 | 나 | 간 | | 일 | 을 | | 살 | 펴 | 보 | 라 | . |

✏️ 뜻을 생각하며 천천히 써 보세요.

또
쓰고

늘 날아가기 전에 잡아 볼까?

✏️ 마무리는 외워서 쓰고, 한자 원문도 따라 써 보세요.

마무리

欲 知 未 來　先 察 已 往

지금 너의 모습을 보니 앞으로 너의 모습이 상상이 간다.

📣 큰 목소리로 또박또박 읽어 보세요.

*엄마랑 번갈아 읽어도 재미있어요!

器 滿 則 溢
그릇 기 / 가득 찰 만 / 곧 즉 / 넘칠 일

人 滿 則 喪
사람 인 / 가득 찰 만 / 곧 즉 / 잃을 상

그릇은 가득 차면 넘치고
사람은 자만하면 망친다.

성심편

애고! 자만하다가 큰일났네.

생각
다지기

"나는 원래 노래를 잘 부르니까 연습 안 해도 얼마든지 잘할 수 있어."
연습은 하나도 안 하고 본래 잘한다는 자만심에 빠져 합창 대회에 나가면 어떻게 될까? 화음도 안 맞을 것이고, 자칫 틀린 음을 내서 합창 대회를 망칠지도 몰라. 이처럼 자만심은 모든 것을 망치기 쉬워. 나뿐만 아니라 다른 사람들과 함께 하는 일도 어렵게 만들지. 친구들이 열심히 연습한 합창을 나 때문에 망쳐서야 되겠니?
물이 그릇에 가득 차면 넘치고 넘친 물은 다시 주워 담을 수 없는 것처럼, 사람도 자만하면 일을 망쳐서 다시 돌이킬 수 없게 된단다. 항상 나보다 남을 높게 여기며 겸손하게 행동해야 실수도, 실패도 줄일 수 있다는 것을 명심하렴.

✏️ 바른 자세로 또박또박 따라 써 보세요.

<table>
<tr><td>내
차례</td><td>그릇은</td><td>가득</td><td>차면</td><td>넘치고</td></tr>
<tr><td></td><td>사람은</td><td>자만하면</td><td>망친다.</td><td></td></tr>
<tr><td></td><td></td><td></td><td></td><td></td></tr>
</table>

✏️ 뜻을 생각하며 천천히 써 보세요.

<table>
<tr><td>엄마
차례</td><td></td></tr>
<tr><td></td><td></td></tr>
<tr><td></td><td></td></tr>
</table>

명필가 났어요~~!

✏️ 마무리는 외워서 쓰고, 한자 원문도 따라 써 보세요.

<table>
<tr><td>마무리</td><td></td></tr>
<tr><td></td><td></td></tr>
<tr><td></td><td></td></tr>
<tr><td colspan="2">器滿則溢 人滿則喪</td></tr>
</table>

월   일

📖 **어휘 마당**

器 그릇 기
예 기구

滿 가득 찰 만
예 만차

溢 넘칠 일
예 해일

喪 잃을 상
예 상실

📢 큰 목소리로 또박또박 읽어 보세요.

*엄마랑 번갈아 읽어도 재미있어요!

路 遙 知 馬 力
길 **노** 멀 **요** 알 **지** 말 **마** 힘 **력**

日 久 見 人 心
날 **일** 오랠 **구** 볼 **견** 사람 **인** 마음 **심**

길이 멀어야 말의 힘을 알 수 있고, 날이 오래되어야 사람의 마음을 알 수 있다.

교우편

도착하려면 아직도 멀었나...

생각
다지기

"나한테 잘해 줘서 좋은 친구인 줄 알았는데, 알고 보니 그동안 몰래 내 흉을 보고 다녔잖아."
처음에는 참 좋은 친구처럼 보였는데 시간이 지나면서 보니 내가 어려울 때에는 모른 척하고, 뒤에서 나를 욕하는 친구들이 있어. 또 처음에는 나와 안 맞을 거라고 생각했던 친구가 시간이 지날수록 변함없이 묵묵한 친구라는 것을 알게 될 때도 있고.
잠깐의 사귐으로는 그 사람의 진짜 속마음까지 알기 어려워. 말이 얼마나 튼튼한지는 먼 길을 달려 봐야 알 수 있어. 겉으로 보기에는 튼튼해 보였는데 막상 길을 떠나 달려 보니 금방 지치기도 하고, 비쩍 말라 약해 보였는데 오래도록 잘 달리기도 하거든. 이와 마찬가지야. 사람도 오래도록 겪어 봐야 그 참모습을 알 수 있단다.

✏️ 바른 자세로 또박또박 따라 써 보세요.

한 번
쓰고

길	이		멀	어	야		말	의		힘	을
알		수		있	고	,		날	이		오	래	되	어
야		사	람	의		마	음	을		알		수	
있	다	.

또
쓰고

늘 날아가기 전에 잡아 볼까?

✏️ 마무리는 외워서 쓰고, 한자 원문도 따라 써 보세요.

마무리

| 路 | 遙 | 知 | 馬 | 力 | | 日 | 久 | 見 | 人 | 心 |

5장

사랑과 효를
실천하는 방법

매일 체크!

📢 큰 목소리로 또박또박 읽어 보세요.

*아빠랑 번갈아 읽어도 재미있어요!

家	和	貧	也	好
집 **가**	화목할 **화**	가난할 **빈**	어조사 **야**	좋을 **호**

不	義	富	如	何
아니 **불**	의로울 **의**	부유할 **부**	같을 **여**	어찌 **하**

집안이 화목하면 가난해도 좋지만,
화목하지 않으면 부자라도 소용이 없다.

성심편

바락!

바락!

우리 엄마, 아빠는 매일 싸워요!

생각 다지기

"엄마 오늘 아빠랑 싸워서 밥 안 할 거야. 냉장고에서 알아서 꺼내 먹어."
냉장고에 아무리 맛있는 반찬이 가득해도, 옷장에 아무리 비싼 옷이 가득해도 툭하면 엄마와 아빠가 다툰다면 가족 모두가 괴롭고 우울할 거야. 반면에 한두 가지 반찬만으로 밥을 먹더라도 가족 모두가 오순도순 모여 앉아 하하하 호호호 웃으며 정답게 먹을 수 있다면 그것만으로도 행복할 거야.
비록 좋은 집, 비싼 차가 없어도 온 가족이 웃으며 지낼 수 있다면 그보다 더 큰 즐거움은 없단다.
진짜 부자는 돈이 많은 집이 아니라 어려움도 함께 이겨 내는 사랑이 넘치는 집이란다.

✏️ 바른 자세로 또박또박 따라 써 보세요.

내 차례	집	안	이		화	목	하	면		가	난	해	도
	좋	지	만	,	화	목	하	지		않	으	면		부
	자	라	도		소	용	이		없	다	.		

📖 어휘 마당

家 집 가
예 가족

和 화목할 화
예 화목

✏️ 뜻을 생각하며 천천히 써 보세요.

아빠 찬스

貧 가난할 빈
예 빈곤

富 부유할 부
예 부귀

명필과 났지요~~!

✏️ 마무리는 외워서 쓰고, 한자 원문도 따라 써 보세요.

마무리

家	和	貧	也	好	不	義	富	如	何

아빠, 아빠! 우리 집은 부자야?

하하하

그럼, 부자지. 이렇게 행복한걸!

📢 **큰 목소리로 또박또박 읽어 보세요.**

*엄마랑 번갈아 읽어도 재미있어요!

子 雖 賢 不 敎 不 明
아들 **자** 비록 **수** 현명할 **현** 아니 **불** 가르칠 **교** 아니 **불** 밝을 **명**

자식이 비록 똑똑해도
가르치지 않으면 총명해지지 못한다.

훈자편

재능이 녹슬지 않게
갈고닦아야 해.

생각 다지기

요리사가 요리 대회에 나가기 위해 좋은 칼을 샀어. 하지만 아무리 좋은 칼도 매일 손보고 갈지 않으면 녹이 슬어 사용하지 못하게 돼. 똑똑한 머리를 타고난 사람도 마찬가지야. 아무리 좋은 바탕을 갖고 있어도 사용하지 않으면 쓸모없게 되어 버린단다.

"난 원래 똑똑하니까."

"우리 애는 원래 그림을 잘 그리니까."

자기가 스스로 똑똑하다고 여기거나 혹은 부모님이 "넌 원래 똑똑하니까 이렇게 잘하는 거야." 하는 식으로 말하는 경우가 종종 있어. 그렇지 않아. 머리만 믿고 공부하지 않는다거나 타고난 재능만 믿고 연습을 하지 않으면, 좋은 머리도 타고난 재능도 녹이 슬어 쓸모없게 되어 버린단다. 훌륭한 재능일수록 계속 갈고닦아야 해. 어때, 갖고 있는 재능을 지금 잘 닦고 있니?

✏️ 바른 자세로 또박또박 따라 써 보세요.

한 번
쓰고

자	식	이		비	록		똑	똑	해	도		가
르	치	지		않	으	면		총	명	해	지	지
못	한	다	.									

✏️ 뜻을 생각하며 천천히 써 보세요.

또
쓰고

새가 날아가기 전에 잡아 볼까?

✏️ 마무리는 외워서 쓰고, 한자 원문도 따라 써 보세요.

마무리

子雖賢 不敎不明

📢 큰 목소리로 또박또박 읽어 보세요.

*아빠랑 번갈아 읽어도 재미있어요!

賜 子 千 金
줄 사 아들 자 일천 천 쇠 금

不 如 教 子 一 藝
아니 불 같을 여 가르칠 교 아들 자 하나 일 기예 예

자식에게 천금을 물려주는 것이
기술 하나 가르치는 것보다 못하다.

훈자편

아빠!
물고 잡는 법
알려 주세요!

생각 다지기

두 부자가 있어. 한 부자는 자식에게 재산을 다 물려주고 "이 정도면 평생 넉넉히 살 수 있을 게다." 하면서 뿌듯해했지. 반면에 다른 한 부자는 재산은 한 푼도 물려주지 않고, 자식의 재능을 살려 기술을 열심히 가르쳤어. 자식이 농사를 좋아하면 농사법을, 물고기를 좋아하면 물고기 잡는 법을, 옷을 좋아하면 옷 만드는 법을 열심히 가르쳤지. 10년 후 두 부자의 자식은 어떻게 되었을까? 재산만 물려받은 부자의 자식은 곶감 빼 먹듯 재산을 쓰다가 금세 거지가 되고 말았지. 반면에 기술을 배운 자식은 자신의 재능을 잘 발휘해서 사람들에게 인정받고 아버지보다 더 큰 부자가 될 수 있었어.

《탈무드》에서는 이렇게 말하고 있단다.

"물고기를 잡아 주지 말고 물고기 잡는 법을 가르쳐 주어라."

✏️ 바른 자세로 또박또박 따라 써 보세요.

내 차례

자	식	에	게		천	금	을		물	려	주	는
것	이		기	술		하	나		가	르	치	는
것	보	다		못	하	다	.					

✏️ 뜻을 생각하며 천천히 써 보세요.

아빠 찬스

명필과 납시오~~!

✏️ 마무리는 외워서 쓰고, 한자 원문도 따라 써 보세요.

마무리

| 賜 | 子 | 千 | 金 | | 不 | 如 | 敎 | 子 | 一 | 藝 |

📖 어휘 마당

賜 줄 사
예 선사

千 일천 천
예 천금

金 쇠 금
예 금요일

一 하나 일
예 일층

藝 기예 예
예 예술

월   일

📢 큰 목소리로 또박또박 읽어 보세요.

*엄마랑 번갈아 읽어도 재미있어요!

憐	兒	多	與	棒
어여삐 여길 **연**	아이 **아**	많을 **다**	줄 **여**	막대기 **봉**

憎	兒	多	與	食
미워할 **증**	아이 **아**	많을 **다**	줄 **여**	먹을 **식**

아이를 사랑하거든 매를 많이 때리고, 아이를 미워하거든 먹을 것을 많이 주어라.

훈자편

생각 다지기

우리나라 속담에 "귀한 자식 매 한 대 더 때리고, 미운 자식 떡 하나 더 준다."라는 말이 있어. 왜 그럴까? 자식이 귀하고 예쁘다고 '오냐, 오냐.' 칭찬만 하다가는 버릇없이 자랄 수 있기 때문이야. 다른 사람을 배려할 줄 모르는 비뚤어진 사람이 될 가능성이 많지. 때로는 혼도 내고 때로는 엄하게 야단쳐야 잘못된 행동을 고칠 수 있고, 남과 더불어 사는 바른 방법을 배울 수 있단다.

자식이 바르지 못한 행동을 할 때 부모가 엄하게 꾸짖는 것은 올바른 사람이 되기를 바라기 때문이야. 오늘 엄마에게 혼났다고? 엄마의 꾸중은 곧 귀한 자식을 바르게 키우기 위한 엄마의 사랑이라는 걸 꼭 기억하렴.

✏️ 바른 자세로 또박또박 따라 써 보세요.

한 번 쓰고

아	이	를		사	랑	하	거	든		매	를
많	이		때	리	고	,		아	이	를		미	워	하
거	든		먹	을		것	을		많	이		주	어
라	.

또 쓰고

늘 너 날아가기 전에 잡아 볼까?

✏️ 마무리는 외워서 쓰고, 한자 원문도 따라 써 보세요.

마무리

憐兒多與棒 憎兒多與食

◆ 어휘 마당

憐 어여삐 여길 연(련)
예 동병상련

兒 아이 아
예 소아

多 많을 다
예 다량

棒 막대기 봉
예 철봉

憎 미워할 증
예 증오

食 먹을 식
예 식당

혼내서 미안해.
하지만 너희를 사랑해서
바르게 키우기 위한
것이니 이해해 주렴.

📢 큰 목소리로 또박또박 읽어 보세요.

*엄마랑 번갈아 읽어도 재미있어요!

敬 待 老 來 人
공경할 경　대접할 대　늙을 노　올 래　사람 인

壯 時 爲 爾 筋 骨 弊
장성할 장　때 시　할 위　너 이　힘 근　뼈 골　닳을 폐

늙어 가는 부모님을 공경하여 대접하라.
젊었을 때 그대를 위하느라
살과 뼈가 닳으셨도다.

팔반가편

안아 줘야 잠을 자는구나...

생각 다지기

"아이고, 비가 오니 무릎이 쑤시는구나."
할아버지는 허리가 많이 굽으셨고 할머니는 무릎이 아파서 잘 걷지 못하셔. 할아버지, 할머니의 흰머리와 주름살이 보기 싫을지도 모르지만 할아버지, 할머니는 우리 부모님을 키우느라 고생을 많이 하셔서 그렇게 되신 거란다. 아빠와 엄마도 우리를 키우느라 뼈와 살이 닳도록 밤낮으로 열심히 일하고 계시지. 그러니 부모님을 공경하고 극진히 모셔야 한단다. 함부로 말하지 말고 존경의 마음으로 대해야 하고.
오늘 할아버지, 할머니께 안부 전화를 드리는 건 어떨까? 오늘 하루도 우리를 위해 고생하신 아빠, 엄마를 위해 어깨와 다리를 주물러 드려도 좋을 거야.

✏️ 바른 자세로 또박또박 따라 써 보세요.

내 차례

늘	어		가	는		부	모	님	을		공	경
하	여		대	접	하	라	.	젊	었	을		때
그	대	를		위	하	느	라		살	과		뼈	가
닳	으	셨	도	다	.

엄마 차례

명필가 났쎄인~~!

✏️ 마무리는 외워서 쓰고, 한자 원문도 따라 써 보세요.

마무리

敬待老來人
壯時爲爾筋骨弊

어휘 마당

敬 공경할 **경**
예 존**경**

待 대접할 **대**
예 **대**접

老 늙을 **노(로)**
예 **노**인

壯 장성할 **장**
예 성**장**

爾 너 **이**
▶ '그대', '너'를 가리킴.

筋 힘 **근**
예 **근**육

骨 뼈 **골**
예 해**골**

📢 큰 목소리로 또박또박 읽어 보세요.

*엄마랑 번갈아 읽어도 재미있어요!

兄 弟 爲 手 足
형 **형**　아우 **제**　할 **위**　손 **수**　발 **족**

夫 婦 爲 衣 服
남편 **부**　아내 **부**　할 **위**　옷 **의**　옷 **복**

형제는 손발과 같고, 부부는 옷과 같다.

안의편

생각 다지기

"왜 맨날 언니만 새 옷 입고 나만 헌 옷 물려받아야 돼?"

"동생이라고 봐줬더니 언니한테 까불어?"

형제자매끼리는 친구 사이만큼이나 티격태격 다투기 쉽지. 싸울 때면 부모님은 항상 언니에겐 "언니니까 네가 양보해." 하시고, 동생에겐 "동생이니까 언니 말 들어야지." 하고 말씀하셔. 그러면 언니도 동생도 '왜 내가 그래야 되는데?' 하고 똑같이 생각해서 입이 삐죽 나오기 마련이야.

형제자매는 부모님을 통해 피로 맺어진 사이라서 끊을 수 없단다. 마치 손발과도 같은 사이이지. 만약 내가 입은 옷이 찢어졌다면 어떨까? 실로 꿰매서 입으면 되겠지? 그런데 내 손이나 발이 예상치 못한 사고로 끊어진다면 어떨까? 옷처럼 꿰매서 잇기는 힘들 거야. 부부는 옷과 같고, 형제는 손발과 같아. 옷이 해어지거나 뜯어지면 갈아입을 수 있지만, 손발은 한번 끊어지면 다시 잇기 어렵단다. 그러니 늘 사이좋게 지내야 해.

✏️ 바른 자세로 또박또박 따라 써 보세요.

한 번
쓰고

형	제	는		손	발	과		같	고	,	부	부
는		옷	과		같	다	.					

✏️ 뜻을 생각하며 천천히 써 보세요.

또
쓰고

늘써 날아가기 전에 잡아 볼까?

✏️ 마무리는 외워서 쓰고, 한자 원문도 따라 써 보세요.

마무리

兄弟爲手足 夫婦爲衣服

📖 어휘 마당

兄 형 **형**
예 형제

手 손 **수**
예 수건

夫 남편 **부**
예 부부

衣 옷 **의**
예 의복

服 옷 **복**
예 복장

📢 큰 목소리로 또박또박 읽어 보세요.

*엄마랑 번갈아 읽어도 재미있어요!

養 親 須 竭 力
기를 **양** 어버이 **친** 모름지기 **수** 다할 **갈** 힘 **력**

當 初 衣 食 被 君 侵
마땅할 **당** 처음 **초** 옷 **의** 먹을 **식** 입을 **피** 임금 **군** 빼앗길 **침**

부모님을 봉양함에 힘을 다하라.
처음부터 입는 것과 먹는 것을
그대에게 빼앗긴 것이다.

팔반가편

짜잔!

엄마가 좋아하는 생선 머리예요. 많이 드세요.

생각
다지기

"와, 불고기 반찬이다. 내가 다 먹어야지."
엄마가 맛있는 반찬을 하셨는데 부모님이 미처 식탁에 앉기도 전에 반찬을 날름 집어 먹은 적은 없니? 접시까지 내 앞으로 바짝 당겨 놓고서 말이야.
우리가 태어난 순간부터 부모님은 기꺼이 맛있는 음식, 좋은 옷을 우리에게 주고 계셔. 그러니 우리가 부모님을 먼저 생각하는 것이 옳지 않을까? 맛있는 음식이 있으면 엄마와 아빠에게 먼저 드리는 거야.
지금 손에 들고 있는 과자를 아빠, 엄마 입에 먼저 넣어 드려 보렴. 그러면 아빠, 엄마는 과자가 맛있어서가 아니라 기뻐서 활짝 웃으실 거야.

✏️ 바른 자세로 또박또박 따라 써 보세요.

내
차례

부	모	님	을		봉	양	함	에		힘	을
다	하	라	.		처	음	부	터		입	는		것	과
먹	는		것	을		그	대	에	게		빼	앗	긴
것	이	다	.

엄마
차례

명필과 낭치인~~!

✏️ 마무리는 외워서 쓰고, 한자 원문도 따라 써 보세요.

마무리

養親須竭力
當初衣食被君侵

📙 어휘 마당

養 기를 양
예 영양

親 어버이 친
예 친가

須 모름지기 수
예 필수

竭 다할 갈
예 공갈

當 마땅할 당
예 당연

初 처음 초
예 초기

被 입을 피
예 피해

侵 빼앗길 침
예 침략

엄마, 아빠
감사합니다.

🔊 큰 목소리로 또박또박 읽어 보세요.

*엄마랑 번갈아 읽어도 재미있어요!

讀 書 起 家 之 本
읽을 **독**　책 **서**　　일으킬 **기**　집 **가**　어조사 **지**　근본 **본**

독서는 집을 일으키는 근본이다.

입교편

내가 가장 좋아하는 친구는 책을 한 권 선물하는 사람이다.

← 미국 대통령 링컨

미국의 존경받는 대통령 중에 링컨이라는 사람이 있단다. 흑인 노예를 해방시키고 인종 차별을 금지하는 등 훌륭한 업적을 쌓은 대통령이지. 그런데 링컨은 가난한 집에서 태어나 어릴 적에 아버지가 돌아가신 탓에 학교를 제대로 다니지 못했어. 하지만 책 읽기를 좋아해서 밤늦도록 빌려 온 책을 읽곤 했지. 덕분에 혼자 공부해서 변호사까지 되었단다. 그리고 마침내 미국의 제16대 대통령이 되었어.

우리가 잘 알고 있는 세종 대왕이나 에디슨 같은 위인도 모두 책을 가까이하고 즐겨 읽는 습관을 가졌단다. 책 속에는 인생의 지혜는 물론, 삶을 살아가는 방법이 들어 있지. 훌륭한 사람들은 대부분 책벌레였단다. 집에서 가족과 함께 책을 즐겨 읽으렴. 행복과 사랑이 넘치고, 지혜가 샘솟는 집이 될 거야. 또 그 안에서 나의 꿈을 향한 길을 찾을 수 있을 거야.

✏️ 바른 자세로 또박또박 따라 써 보세요.

한 번
쓰고

| 독 | 서 | 는 | | 집 | 을 | | 일 | 으 | 키 | 는 | | 근 |

| 본 | 이 | 다 | . | | | | | | | | | |

✏️ 뜻을 생각하며 천천히 써 보세요.

또
쓰고

📝 어휘 마당

讀 읽을 독
예 독서

書 책 서
예 서점

起 일으킬 기
예 기상

本 근본 본
예 근본

늘(ㅌ) 날아가기 전에 잡아 볼까?

✏️ 마무리는 외워서 쓰고, 한자 원문도 따라 써 보세요.

마무리

讀書 起家之本

6장

부지런히 배움에
힘을 쓰는 방법

매일 체크!

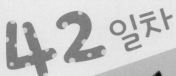

 큰 목소리로 또박또박 읽어 보세요.

*엄마랑 번갈아 읽어도 재미있어요!

玉 不 琢 不 成 器
옥 **옥** 아니 **불** 쫄 **탁** 아니 **불** 이룰 **성** 그릇 **기**

人 不 學 不 知 義
사람 **인** 아니 **불** 배울 **학** 아니 **부** 알 **지** 의로울 **의**

옥은 다듬지 않으면 그릇을 만들 수 없고, 사람은 배우지 않으면 도리를 알지 못한다.

근학편

생각 다지기

"사람으로 태어났으면 사람 도리를 알아야지."
도리란 인간이라면 마땅히 지켜야 할 바른 마음과 행동을 뜻해. 웃어른을 공경하는 일, 공중도덕을 지키는 일, 친구와 사이좋게 지내는 일 등의 도리는 나이가 든다고 저절로 익히게 되는 것이 아니란다. 부모님에게, 선생님에게, 친구를 통해, 때로는 책을 통해 배우면서 깨달아 가는 것이지.
아무리 귀중한 옥도 갈고 다듬지 않으면 그저 쓸모없는 돌멩이일 뿐이야. 멋지게 다듬어서 그릇을 만들어야 귀하게 되어 쓸모가 생기는 법이지. 이와 마찬가지로 사람도 배우지 않으면 버릇없고 제멋대로 굴어 아무짝에도 쓸모없는 사람이 된단다. 도리를 잘 배우고 익힐 때 사람다운 사람이 되고, 가정에서든 학교에서든 멋지게 살아갈 수 있게 되는 거야.

✏️ 바른 자세로 또박또박 따라 써 보세요.

내 차례

옥은	다	듬	지	않	으	면		그	릇
을		만	들		수		없	고	,	사	람	은
배	우	지		않	으	면		도	리	를		알	지
못	한	다	.

엄마 차례

✏️ 마무리는 외워서 쓰고, 한자 원문도 따라 써 보세요.

D명필과 납시오~~!

마무리

玉不琢　不成器
人不學　不知義

큰 목소리로 또박또박 읽어 보세요.

*엄마랑 번갈아 읽어도 재미있어요!

人 生 不 學
사람 **인**　날 **생**　아니 **불**　배울 **학**

冥 冥 如 夜 行
어두울 **명**　어두울 **명**　같을 **여**　밤 **야**　다닐 **행**

사람이 태어나 배우지 않으면
밤길을 가는 것과 같이 어둡다.

근학편

"더듬 더듬"

어두워서 아무것도 안 보여!

 생각 다지기

불빛이 하나도 없는 아주 캄캄한 밤길을 걷고 있다고 생각해 봐. 앞에 뭐가 있는지 알 수 없으니 두렵고 답답할 거야. 사람이 배우지 않으면 이런 상황에 있는 것과 같단다. 미래가 불투명하니 불안한 마음이 들고, 이것이 맞는지 저것이 맞는지 몰라 답답한 생각이 들지.

배우지 않으면 글자를 아예 모르거나 글자를 읽어도 뜻을 알 수 없단다. 숫자를 안다고 해도 셈을 배우지 않으면 더하고 빼고 곱할 줄 모르게 되지. 그뿐만이 아니야. 전화 거는 법, 음식 만드는 법, 기분 좋게 말하는 법 등을 하나도 알지 못할 거야. 그러니 깜깜한 밤길을 가는 듯, 살면서 앞이 보이지 않고 답답하겠지. 보아도 보이지 않고, 들어도 들리지 않는다는 것은 바로 이런 걸 가리킬 거야. 그러니 배우기를 게을리하지 말아야 한단다. 배우고 나면 환한 태양 아래 길을 걷는 듯, 모든 것이 밝게 보일 거야.

✏️ 바른 자세로 또박또박 따라 써 보세요.

한 번
쓰고

사	람	이		태	어	나		배	우	지		않
으	면		밤	길	을		가	는		것	과	같
이		어	둡	다	.							

✏️ 뜻을 생각하며 천천히 써 보세요.

또
쓰고

앞서 날아가기 전에 잡아 볼까?

✏️ 마무리는 외워서 쓰고, 한자 원문도 따라 써 보세요.

마무리

人生不學 冥冥如夜行

✏️ 어휘 마당

生 날 생
예 생신

冥 어두울 명
예 명왕성

如 같을 여
예 하여간

夜 밤 야
예 야간

行 다닐 행
예 행인

📢 큰 목소리로 또박또박 읽어 보세요.

*엄마랑 번갈아 읽어도 재미있어요!

家 若 貧
집 **가**　만약 **약**　가난할 **빈**

不 可 因 貧 而 廢 學
아니 **불**　가능할 **가**　인할 **인**　가난할 **빈**　말 이을 **이**　버릴 **폐**　배울 **학**

**집이 가난하더라도 가난 때문에
배움을 포기해서는 안 된다.**

근학편

환경을 탓하게 마라!

충무공
이순신

"집안이 나쁘다고 탓하지 마라. 나는 역적으로 몰락한 집안에서 태어나 가난한 탓에 외가에서 자랐다. 머리가 나쁘다 탓하지 마라. 나는 과거에 거듭 낙방하고 서른둘의 늦은 나이에 겨우 급제했다." 거북선을 만든 충무공 이순신 장군의 말이란다.

'우리 집이 부자라면 좋은 학원에 다닐 수 있을 텐데. 학원에 못 다니니까 공부 안 할래.'

이렇게 생각한다면 달리 생각해 보렴. 가난이나 부유함은 내가 만든 것이 아니지만 환경만 탓해서는 아무것도 달라지지 않아. 집이 가난하더라도 꿈을 갖고 열심히 노력해서 더 훌륭한 사람이 되어야 하고, 집이 부자라면 이를 더 열심히 공부할 수 있는 받침대로 여겨야 한단다. 열심히 배워서 훗날 꿈을 이루게 된다면, 지금 내가 겪는 어려움이 꿈을 이루는 디딤돌이 되었다고 말할 수 있을 거야.

✏️ 바른 자세로 또박또박 따라 써 보세요.

내
차례

집이	가난하더라도	가난
때문에	배움을	포기해서는
안	된다.

✏️ 뜻을 생각하며 천천히 써 보세요.

엄마
차례

명필가 났네요~~!

✏️ 마무리는 외워서 쓰고, 한자 원문도 따라 써 보세요.

마무리

家若貧 不可因貧而廢學

◆ 어휘 마당

家 집 가
예 가구

若 만약 약
예 만약

貧 가난할 빈
예 빈약

可 가능할 가
예 가능성

因 인할 인
예 원인

廢 버릴 폐
예 폐기물

난 할 수 없어!

 큰 목소리로 또박또박 읽어 보세요.

*엄마랑 번갈아 읽어도 재미있어요!

勿 謂 今 日 不 學 而 有 來 日

말 **물** 이를 **위** 이제 **금** 날 **일** 아니 **불** 배울 **학** 말 이을 **이** 있을 **유** 올 **내** 날 **일**

오늘 배우지 않고서
내일이 있다고 말하지 말라.

권학편

 생각 다지기

'오늘만 놀고 내일부터 공부해야지.'
내일 할 거라고 미루다가 결국 숙제를 못 한 적이 있지? '오늘 못 했어도 내일이 있으니까, 뭐.' 하면서 내일을 믿고 오늘 빈둥빈둥 노는 경우가 많아. 하지만 내일은 오늘이 하루 지나가면 바로 찾아와서, 정신을 차리고 보면 어느새 오늘이 되어 있지. 오늘 해야 할 일을 하지 않으면 내일도 마찬가지 상황이 되풀이될 뿐이야.
시간은 누구에게나 공평하게 스물네 시간 주어져. 시간은 나를 위해 기다려 주거나 천천히 가지 않아. 오늘 아무 일도 하지 않으면서 내일은 달라질 거라고 기대하는 것은 어리석은 생각이란다. 오늘 당장 해야 할 일을 하고 열심히 배우면, 내일이 하루하루 쌓여 미래가 희망으로 가득해질 거야.

✏️ 바른 자세로 또박또박 따라 써 보세요.

한 번
쓰고

오	늘		배	우	지		않	고	서		내	일
이		있	다	고		말	하	지		말	라	.

✏️ 뜻을 생각하며 천천히 써 보세요.

또
쓰고

📖 **어휘 마당**

謂 이를 위
예 소위

日 날 일
예 일요일

今 이제 금
예 지금

날아가기 전에 잡아 볼까?

✏️ 마무리는 외워서 쓰고, 한자 원문도 따라 써 보세요.

마무리

勿 謂 今 日 不 學 而 有 來 日

큰 목소리로 또박또박 읽어 보세요.

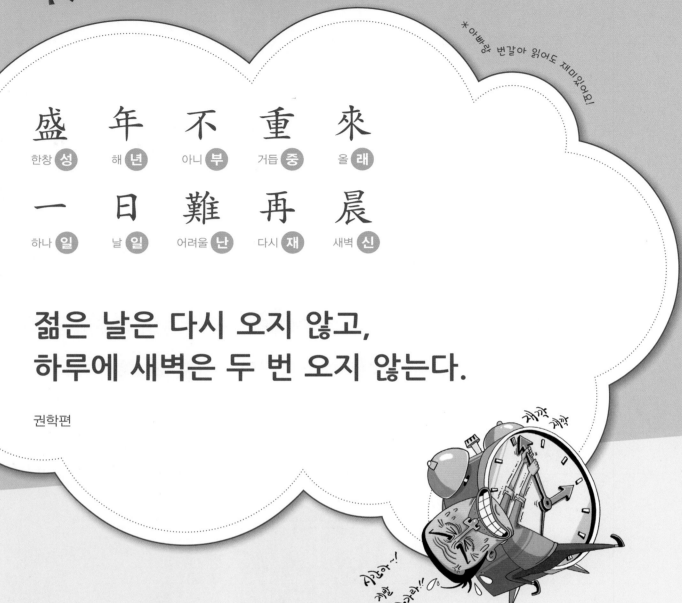

*아빠랑 번갈아 읽어도 재미있어요!

盛 年 不 重 來
한창 **성** 해 **년** 아니 **부** 거듭 **중** 올 **래**

一 日 難 再 晨
하나 **일** 날 **일** 어려울 **난** 다시 **재** 새벽 **신**

젊은 날은 다시 오지 않고,
하루에 새벽은 두 번 오지 않는다.

권학편

생각 다지기

어른이 되면 사람들은 '학창 시절에 조금만 더 열심히 공부할걸.' 하고 후회를 한단다. 세월이 지나고 나서 돌이켜보니, 그때 열심히 공부했더라면 지금 더 나은 인생을 누릴 수 있었을 텐데 하는 생각이 들어서이지. 하지만 한번 지나간 시간은 되돌릴 수 없단다. 하루에 새벽이 두 번 오지 않듯이 시간은 앞으로 나아갈 뿐이야. 지나고 나서 후회해도 소용없지.

배움에도 때가 있단다. 학창 시절이 길 것 같지만 지나고 나면 잠깐일 뿐이야. '나중에 배워야지.' 하고 생각하기 쉽지만 그렇지 않아. 학생일 때 배워야 할 것은 그때 배워야 해. 훗날 후회하지 않도록 지금 당장 열심히 배우렴.

✏️ 바른 자세로 또박또박 따라 써 보세요.

내
차례

젊	은		날	은		다	시		오	지		않
고	,		하	루	에		새	벽	은		두		번
오	지		않	는	다	.						

✏️ 뜻을 생각하며 천천히 써 보세요.

아빠
찬스

명필가 났지요~~!

✏️ 마무리는 외워서 쓰고, 한자 원문도 따라 써 보세요.

마무리

| 盛 | 年 | 不 | 重 | 來 | 一 | 日 | 難 | 再 | 晨 |

월   일

📖 어휘 마당

盛 한창 **성**
예 성수기

年 해 **년**
예 학년

重 거듭 **중**
예 중복

再 다시 **재**
예 재활용

晨 새벽 **신**
예 신성

큰 목소리로 또박또박 읽어 보세요.

*엄마랑 번갈아 읽어도 재미있어요!

不 積 蹞 步　無 以 至 千 里
아니 **부**　쌓을 **적**　반걸음 **규**　걸음 **보**　없을 **무**　로써 **이**　이를 **지**　일천 **천**　리 **리**

반걸음을 쌓지 않으면 천 리에 이르지 못한다.

권학편

반걸음부터 시작해 볼까?

 생각 다지기

"제 꿈은 피아니스트예요. 시시한 도레미 말고 멋진 피아노 곡을 가르쳐 주세요."
"제 꿈은 화가예요. 피카소처럼 멋진 그림을 그릴 거예요."
오늘 피아노를 처음 배우러 온 아이가 다짜고짜 피아니스트가 치는 어려운 곡을 치겠다고 하면 어떨까? 붓을 처음 잡은 아이가 유명 화가인 피카소처럼 그림을 그리겠다고 하면 어처구니가 없을 거야. 피아니스트가 되고 싶으면 '도레미'부터 배워야 하고, 화가가 되고 싶으면 선을 긋는 법부터 배워야 해. 무엇이든 시작이 있어야 끝이 있고, 한 걸음 한 걸음 걸어갈 때 천 리 길도 다다를 수 있단다. 어떠니, 지금 배우는 '도레미'와 '선 긋기'가 꿈을 향한 아주 소중한 첫걸음이라는 게 느껴지지?

✎ 바른 자세로 또박또박 따라 써 보세요.

한 번
쓰고

| 반 | 걸 | 음 | 을 | | 쌓 | 지 | | 않 | 으 | 면 | | 천 |

| 리 | 에 | | 이 | 르 | 지 | | 못 | 한 | 다 | . |

✎ 뜻을 생각하며 천천히 써 보세요.

또
쓰고

들어 날아가기 전에 잡아 볼까?

✎ 마무리는 외워서 쓰고, 한자 원문도 따라 써 보세요.

마무리

| 不 | 積 | 蹞 | 步 | | 無 | 以 | 至 | 千 | 里 |

어휘 마당

積 쌓을 **적**
예 누**적**

蹞 반걸음 **규**
▶ '반걸음'을
뜻함.

步 걸음 **보**
예 **보**폭

里 리 **리**
▶ '거리를 재는
단위'의
뜻으로 쓰임.

至 이를 **지**
예 경**지**

📢 큰 목소리로 또박또박 읽어 보세요.

*엄마랑 번갈아 읽어도 재미있어요!

一 生 之 計　在 於 幼
하나 **일** 　날 **생** 　어조사 **지** 　계획할 **계** 　있을 **재** 　어조사 **어** 　어릴 **유**

一 年 之 計　在 於 春
하나 **일** 　해 **년** 　어조사 **지** 　계획할 **계** 　있을 **재** 　어조사 **어** 　봄 **춘**

一 日 之 計　在 於 寅
하나 **일** 　날 **일** 　어조사 **지** 　계획할 **계** 　있을 **재** 　어조사 **어** 　새벽 **인**

일생의 계획은 어릴 때 있고, 일 년의 계획은 봄에 있으며, 하루의 계획은 새벽에 있다.

입교편

봄이 되었으니 농사를 시작해 보자.

💬 **생각 다지기**

농부가 봄부터 씨를 뿌리며 잡초를 뽑아 주지 않으면 가을에 기대했던 수확을 할 수 없단다. 이른 봄부터 부지런히 수고한 농부만이 풍성한 수확의 기쁨을 누릴 수 있지. 인생도 마찬가지야. 아침에 일찍 일어나 '오늘은 어떤 일을 해야지.' 하고 계획대로 살아 본 적이 있니? 그렇게 하루를 보내고 나면 '보람된 하루였구나.' 하며 뿌듯함이 느껴질 거야. 어릴 때부터 자신의 삶을 계획하고 하나하나 실천해 나가는 사람이 더 멋지고 알찬 인생을 만들어 갈 수 있어.
"될 성부른 나무는 떡잎부터 알아본다."라는 속담도 있듯이, 어릴 때 모습에서 미래에 그 사람의 인생이 어떨지 미리 엿볼 수 있단다.

✏️ 바른 자세로 또박또박 따라 써 보세요.

내
차례

일	생	의		계	획	은		어	릴		때
있	고	,		일		년	의		계	획	은		봄	에
있	으	며	,		하	루	의		계	획	은		새	벽
에		있	다	.

엄마
차례

D명필가 났네인~~!

✏️ 마무리는 외워서 쓰고, 한자 원문도 따라 써 보세요.

마무리

| 一生之計 在於幼 一年之計 在於春 一日之計 在於寅 |

🔖 어휘 마당

計 계획할 계
예 계획

在 있을 재
예 부재

幼 어릴 유
예 유아

春 봄 춘
예 춘하추동

寅 새벽 인
예 인시

하루 계획의
1번은 6시 기상!

발떡!

드르릉~

 큰 목소리로 또박또박 읽어 보세요.

*엄마랑 번갈아 읽어도 재미있어요!

幼 而 不 學
어릴 **유** 　 말 이을 **이** 　 아니 **불** 　 배울 **학**

老 無 所 知
늙을 **노** 　 없을 **무** 　 바 **소** 　 알 **지**

어려서 배우지 않으면 늙어서 아는 것이 없다.

입교편

부지런히 공부해서 지혜롭고 당당한 **박사** 할아버지가 되었단다.

생각 다지기

"오빠! 이것 좀 가르쳐 줘."
동생이 내미는 수학책을 들여다봐도 언제 이런 걸 배웠는지 기억이 나질 않아. 나중에 공부해야지 하고 미루었더니, 지금은 동생보다 더 모르는 오빠가 되어 버렸네. 상상만 해도 부끄럽다고?
맞아. 지금 배우지 않으면 나중에는 더 부끄러운 일이 많이 생길 수도 있어. '나중에 나이 들면 배워야지.' 하는 생각은 어리석을 뿐이지. 어른이 되었는데 한글도 모르고, 구구셈도 모른다면 얼마나 불편하고 창피하겠어? 지금 배우지 않으면 미래에도 아는 게 없는 사람이 된단다. 지금부터 부지런히 배워서 나이 들어 어른이 되었을 때 지혜롭고 당당한 사람이 되자.

✏️ 바른 자세로 또박또박 따라 써 보세요.

한 번
쓰고

| 어 | 려 | 서 | | 배 | 우 | 지 | | 않 | 으 | 면 | | 늙 |

| 어 | 서 | | 아 | 는 | | 것 | 이 | | 없 | 다 | . |

✏️ 뜻을 생각하며 천천히 써 보세요.

또
쓰고

늘어 날아가기 전에 잡아 볼까?

✏️ 마무리는 외워서 쓰고, 한자 원문도 따라 써 보세요.

마무리

幼 而 不 學 老 無 所 知

📖 어휘 마당

幼 어릴 유
예 유치원

無 없을 무
예 무색

所 바 소
▶ '것'이라는
뜻으로 쓰임.

知 알 지
예 지략

잘 모르는데…
음…

오빠!
이것 좀
가르쳐 줘.

📢 큰 목소리로 또박또박 읽어 보세요.

*엄마랑 번갈아 읽어도 재미있어요!

與 好 人 同 行　如 霧 露 中 行
더불 **여** 좋을 **호** 사람 **인** 같을 **동** 다닐 **행**　만약 **여** 안개 **무** 이슬 **로** 가운데 **중** 다닐 **행**

雖 不 濕 衣　時 時 有 潤
비록 **수** 아니 **불** 축축할 **습** 옷 **의**　때 **시** 때 **시** 있을 **유** 젖을 **윤**

좋은 사람과 같이 가는 것은 안개 속을
가는 것과 같아서, 비록 옷이 젖지는 않지만
촉촉하게 된다.

교우편

함께 다니니까 서로 닮아 가!

인사를 잘하는 친구와 같이 다니다 보면, 어느새 같이 인사를 하는 내 모습을 발견할 수 있을 거야. 인사성 바른 친구에게 나도 모르는 사이에 옮은 것이란다. 일부러 따라 하려고 한 것도 아닌데, 저절로 따라 하게 되면서 나 또한 인사를 잘한다는 칭찬을 받게 되지.
인사뿐만이 아니야. 마음이 넓은 친구, 웃음이 많은 친구, 예습을 잘하는 친구 등 좋은 사람과 어울리다 보면 굳이 따라 하려고 애쓰지 않아도 자연스레 우리 몸에 좋은 점이 배게 돼. 이처럼 배울 것이 많은 좋은 사람과 함께 다니면 나도 어느새 닮아 간단다.

✏️ 바른 자세로 또박또박 따라 써 보세요.

내
차례

좋	은		사	람	과		같	이		가	는
것	은		안	개		속	을		가	는		것	과
같	아	서	,	비	록		옷	이		젖	지	는
않	지	만		촉	촉	하	게		된	다	.

엄마
차례

명필가 납시오~~!

✏️ 마무리는 외워서 쓰고, 한자 원문도 따라 써 보세요.

마무리

與好人同行 如霧露中行
雖不濕衣 時時有潤

📖 어휘 마당

與 더불 **여**
例 참여

同 같을 **동**
例 동생

露 이슬 **로**
例 백로

中 가운데 **중**
例 중앙

雖 비록 **수**
▶ '비록'이란
뜻으로 쓰임.

濕 축축할 **습**
例 습기

衣 옷 **의**
例 의류

潤 젖을 **윤**
例 윤기

둘 다 인사도 잘하고,
말 잘하고 착하네.
너희 둘은 쌍둥이니?

아니요, 친구예요!

같이 다니니깐
닮나 봐요.

기적의 명문장 따라쓰기 – 명심보감 편

The Miracle Handwriting Sentences:
An Exemplar in Mind

초판 1쇄 발행 2015년 8월 20일
초판 17쇄 발행 2022년 10월 28일

지은이 박수밀
발행인 이종원
발행처 길벗스쿨
출판사 등록일 2006년 6월 16일
주소 서울시 마포구 월드컵로 10길 56(서교동 467-9)
대표 전화 02)332-0931 **팩스** 02)323-0586
홈페이지 www.gilbutschool.co.kr **이메일** gilbut@gilbut.co.kr

기획 및 책임 편집 신경아(skalion@gilbut.co.kr) **제작** 이준호, 손일순, 이진혁
영업마케팅 안민제, 문세연, 박다슬 **웹마케팅** 박달님, 윤승현, 정유리 **영업관리** 정경화 **독자지원** 윤정아, 최희창

편집 진행 및 교정 김혜영 **디자인** 눈디자인(www.noondesign.com) **일러스트** 김태형
전산편집 지누커뮤니케이션 **CTP출력/인쇄** 영림인쇄 **제본** 영림제본

ISBN 979-11-6406-558-5 63710
길벗스쿨 도서번호 10906

가격 : 13,000원

독자의 1초를 아껴주는 정성 **길벗출판사**

길벗스쿨 | 국어학습서, 수학학습서, 유아학습서, 어학학습서, 어린이교양서, 교과서
길벗 | IT실용서, IT/일반 수험서, IT 전문서, 경제실용서, 취미실용서, 건강실용서, 자녀교육서
더퀘스트 | 인문교양서, 비즈니스서
길벗이지톡 | 어학단행본, 어학수험서

명문장을 잘 따라 써 봤나요?

마음에 새기고 오래오래 기억하고 싶은 명문장을 골라 크게 써 놓고, 잘 보이는 곳에 붙여 보세요.

볼 때마다 두고두고 힘이 나는 나만의 명문장이 된답니다.

멋지게 못 썼다고요? 뒷면을 활용하세요!